Jan K. Pötsch
Die alten Sumerer hatten doch recht

Jan K. Pötsch

Die alten Sumerer hatten doch recht

Rediroma-Verlag

Bibliografische Information der Deutschen Nationalbibliothek:
Die Deutsche Nationalbibliothek verzeichnet diese Publikation in
der Deutschen Nationalbibliografie; detaillierte bibliografische
Daten sind im Internet über http://portal.dnb.de abrufbar.

ISBN 978-3-98885-276-2

Copyright (2024) Rediroma-Verlag

Alle Rechte beim Autor

www.rediroma-verlag.de
9,95 Euro (D)

Inhalt

1. Professor Haunschild und die Sterne 6
2. Richard Haunschild Junior schmiedet Pläne 22
3. Richard-junior wird Schweizergardist 34
4. Die ersten Eindrücke von Rom 38
5. Richard-junior und Berni 44
6. Rekrutenausbildung 54
7. Vereidigung der Rekruten 62
8. Der erste Wachdienst 74
9. Richard sucht die Geheimkammer 79
10. Richard sucht weiter ohne Erfolg 85
11. Einführungsseminar für die Astronomie 92
12. Richards Telefonat mit seinem Vater 95
13. Richard im Geheimarchiv 98
14. Die kleine Kirche 106
15. Was geschah in der kleinen Kirche? 117
16. Berni und Richard in der kleinen Kirche 122
17. Die Vatikanische Sternwarte 128
18. Richard und Berni entdecken die Geheimkammer 142
19. Die ersten Untersuchungen der Tontafeln 150
20. Der Messdiener erwischt die beiden Gardisten 158
21. Kardinal Clements bei Professor Haunschild 166
22. Neue Aufgaben 178
Literaturdokumentation 181

1. Professor Haunschild und die Sterne

Seit Tagen lag die ganze Umgebung um die kleine Villa, die sich unter den riesen Bäumen in einem verwilderten Garten duckte, unter einer dicken Schneedecke. Der Winter zeigte mit immer neuen Schneefällen und eisigen Temperaturen, dass er die Herrschaft in der Natur fest übernommen hatte. Die großen weißen Schneeflocken, von dem böigen Wind hin und her getrieben, blieben an den Baumspitzen und Ästen wie Zuckerguss liegen. Eine schöne, aber eine frostige Winteridylle.

In dem ziemlich altmodisch eingerichteten Wohnzimmer der genauso alten, noch im klassizistischen Still gebauten Villa war es dagegen angenehm warm und gemütlich. Da knisterte in dem antiken Kamin, mit der weit nach vorne durchgezogenen Abzugshaube, leise das Feuer. In dem ganzen Raum herrschte jenes Chaos, das man brauchte, um sich schöpferisch zu entfalten.

Da saß sich am Schachtisch, der mit seinen aufwendigen Intarsien an der Tischumrandung eigentlich auch eine Antiquitätsrarität darstellte, der Vater seinem Sohn gegenüber, vertieft in das königliche Spiel. Die vierundsechzig schwarzweißen Felder des Schachbretts mit den vieldeutigen Figuren strahlten eine unwiderstehliche Anziehungskraft auf die beiden aus. Es war die liebste Freizeitbeschäftigung für die beiden: für den Professor Richard Haunschild, der mit Anfang 50 immer noch eine elegante Erscheinung mit energischen Gesichtszügen und dem dunklen an den Schläfen leicht ergrauten Haar abgab. Für ihn war es eine willkommene Ablenkung von seinen Forschungsarbeiten als Astrophysiker an der Naturwissenschaftlichen Universität und seinem genauso anspruchsvollen Hobby, der Astroarchäologie. Und für seinen Sohn, den Richard-junior, der gerade die militärische Grundausbildung absolvierte und demnächst Elektronik und Informatik studieren wollte, war es eine gute Übung des analytischen Denkens.

Aus den vielen beim Schachspiel geführten Gesprächen über die aktuelle Thematik und die Vergangenheit setzte sich Richard-junior seine friedliche politische Weltanschauung und den Einblick in die Geheimnisse des Universums zusammen. Eine Art Grundeinstellung fürs Leben.

Aber heute Nachmittag war Vater irgendwie nicht ganz bei der Sache. Ihm unterliefen im Mittelspiel leichte Fehler, die sein Sohn rigoros für eine bessere Stellung und zum Angriff ausnutzte.

„Vati, reiß dich zusammen, denn Zug für Zug zielen meine Figuren immer gefährlicher auf deinen armen König hin und auf deine Dame muss du auch besser aufpassen, die kommt langsam in Bedrängnis", kommentierte Junior sachlich die Stellung am Schachbrett. Junior war ein lässiger Typ, dunkelhaarig mit einer athletischen Figur. Er strahlte etwas Offenes, so Jugendhaftes aus.

„Da hast du ja leider recht, heute kann ich mich, nach dem Telefongespräch mit dem Kardinal Clements, gar nicht so richtig konzentrieren. Ich schlage vor, wir brechen das Spiel am besten ab", meinte Vater und stellte die schwere handgeschnitzte Figur aus einem edlen afrikanischen Holz, mit der er gerade noch ziehen wollte, zur Seite. Dann ließ er sich in den Sessel fallen.

„Ist doch klar", stimmte Richard junior dem Spielabbruch zu und hakte gleich noch weiter nach: „Aber was hat dich bei dem Gespräch so durcheinandergebracht? Du bist ja sonst die Ruhe selbst. Eigentlich bist du schon all die Tage, die ganze Woche, seit deiner Rückkehr aus Rom, wie ausgewechselt. Bedrückt dich etwas?"

„Das zieht sich nun wirklich schon ein paar Tage, gar Wochen hin, aber ich wollte dich damit nicht unnötig belasten. Damals hat die Päpstliche Akademie der Wissenschaften in Rom eine Studienwoche für Astrobiologie abgehalten. Das Hauptthema des Seminars, ob die Menschheit auf unserem Planeten alleine im Universum existiert, betraf genau auch meine Forschungsarbeit. Übrigens hatten wir noch nicht mal so richtig Zeit, uns darüber ausführlich unterhalten. Als Resümee könnte ich es nun nachholen. Die Religion hat keine Angst vor der Wissenschaft. Die christliche Kirche hat in den letzten Jahren ziemlich deutlich erkannt, nachdem die religiösen Dogmen ihre Akzeptanz zum Teil nach und nach verloren hatten, dass unser Planet mit allen seinen Eigenschaften und Lebensbedingungen nicht der einzige in den endlosen Weiten des Universums sein kann. Die Erforschung des Kosmos führt eigentlich zu Gott. Falls sich dort draußen intelligente Wesen entwickeln konnten, und davon müsste man ausgehen, wäre es sicherlich kein Widerspruch zum katholischen Glauben an Gott, denn auch diese Lebewesen wären dann aus der rein religiösen Betrachtung selbstverständlich Gottesgeschöpfe."

Der Vater nahm einen tiefen Schluck Mineralwasser und fuhr fort: „Nur einige Schritte führen aus Italien in den Vatikanstaat, doch die führen in eine ganz andere Welt und mit den unschätzbaren Werten der diversen Exponate im Petersdom, in den Kapellen und in dem Vatikanischen Museum erstrahlt erst so richtig der Reichtum der Kirche. Nach einem Vortrag in der Päpstlichen Akademie begegnete ich meinem Schulfreund Stephan, also dem Kardinal Clements, und wir trafen und unterhielten uns mehrere Abende. Er ließ mich an seinen Gedanken über die Religion, Wissenschaft und die Weltproblematik teilhaben. Einmal führte er mich den ganzen Nachmittag persönlich, außerhalb der Besucherzeiten, durch den Petersdom und die berühmte Sixtinische Kapelle. Übrigens, die zahlreichen Fresken, von Michelangelo und den anderen großen antiken Florentinischen Meistern, die die Schöpfungsgeschichte und das Jüngste Gericht darstellten, die den Altarraum, das gewaltige dem Himmel nahe Gewölbe und alle die hohen Wände schmücken, die muss man selbst sehen, die kann man nicht nur so einfach beschreiben. Wenn schon, dann hätte himmlisch in einem übertragenen Sinne noch am besten gepasst …"

„Der Kardinal Clements, der durch seine Erläuterungen zu christlichen Fragen in vielen Fernsehtalkshows berühmt wurde, war dein Schulfreund? Das ist ja unglaublich!", unterbrach ihn Junior erstaunt.

„Ja, wir waren damals am städtischen Gymnasium und auch privat außerhalb der Schule unzertrennlich und philosophierten, außer über die täglichen Probleme in der Schule, über Gott und die Welt. Unterschiedlicher konnten wir beide gar nicht sein, doch eines hatten wir gemeinsam, wir wollten die Gesellschaftsordnung total verändern, wie halt die meisten Jungs in dem Alter. Doch nach dem Abitur haben sich unsere Wege leider getrennt. Er ging an die Katholische Universität, um sich der Theologie zu widmen und ich studierte, wie du weißt, die Naturwissenschaften. Nun ist aus dem braven Stephan Clements ein Kardinal geworden und er ist schon ein paar Jahre in Diensten des Vatikans tätig. Zu den unterschiedlichen Problemen aus meiner Arbeit als Astrophysiker und auch aus der Astroarchäologie, bei denen ich in der letzten Zeit leider gar nicht mehr weiterkam, meinte er beim Gespräch bei einem gemütlichen Spaziergang in den Vatikanischen Gärten, ich sollte ein paar Tage länger in Rom bleiben und die Vatikanische Apostolische Bibliothek oder auch das Vatikanische Archiv durchstöbern. Das Archiv ist zwar für die normale Außenwelt tabu, da werden nur wenige Wissenschaftler, und das auch noch nur mit einem Forschungsauftrag einer Universität, reingelassen, aber er könnte da so ein bisschen behilflich sein. Vielleicht finde ich dort in den alten Schriften irgendeinen Hinweis oder eine Antwort auf meine offenen Fragen. Stephan hat sich früher auch intensiv mit der Archäologie beschäftigt und war selbst oft in der Vatikanischen Bibliothek."

„Stets redest du über irgendwelche Probleme", wandte sich Junior an seinen Vater, nachdem er ein Erfrischungsgetränk zu sich genommen hatte. „Das höre ich zum ersten Mal, dass du als berühmter Professor, wenn ich nur an alle deine Aufzeichnungen und

Publikationen denke, ungelöste Probleme hättest. Bei dir lief schon immer, seitdem ich fähig war, es zu verfolgen, und das ist schon lange her, alles glatt!"

„Tatsächlich komme ich in beiden wissenschaftlichen Studien keinen Schritt weiter. Meine Recherchen drehen sich im Kreis. Eigentlich fließt hier die Problematik aus der dienstlichen Astrophysik mit meinem Hobby der Astroarchäologie eng zusammen. Meine Aufgabe ist die Untersuchung, ob unsere Erde in der Vergangenheit von Außerirdischen besucht und beeinflusst wurde. Also eine Forschung nach galaktischen Superzivilisationen, nach lebensfreundlichen Exoplaneten. Ich sollte den vielen Indizien aus dem Reich der weltverbindenden Schöpfungsmythologie nachgehen sowie die Hinweise aus den Apokryphen und der alten Bibel überprüfen. Denn in den meisten mythischen Überlieferungen unterschiedlicher Naturvölker erscheinen stets Götter, Lehrmeister oder Kulturbringer, die vom Himmel kamen und die das Leben auf unserer Erde beeinflussten. Was wir heute Mythen nennen, das waren für die Urvölker echte Geschichten. Ich sollte versuchen, die Heimat der Götter zu orten und Licht in das Verborgene und Geheimnisvolle, in die rätselhafte Entstehung und den Untergang vieler großer frühzeitlichen Hochkulturen zu bringen. Eine echt spannende Spurensuche mit Überlegungen, wie unsere Gesellschaft, die irdischen Kulturen und Religionen eigentlich überhaupt auf solche möglichen Beweise sozialpolitisch reagieren wird. Die derzeitige Weltordnung könnte infrage gestellt werden."

Der Vater erhob sich und schob energisch zwei lange Holzscheite in die lodernden Flammen des Kaminfeuers hinein, bis die Glutfunken aufflogen und sein kantiges Gesicht mit den nachdenklichen dunklen Augen kurz erhellten. Dann setzte er sich wieder hin und erklärte weiter, ohne jedoch den Blick von dem farbwechselbaren Flammenspiel abzuwenden: „Die vorgeschichtlichen Funde aus den unzähligen archäologischen Ausgrabungen in fast allen

Erdteilen weisen auf Widersprüche in der Evolutionstheorie und der Geschichtsdeutung einiger Wissenschaftler hin. Die echte Evolution verlief ganz anders, viel komplexer. Unsere Vorfahren waren damals intellektuell schon wesentlich weiterentwickelt, als wir es bisher angenommen haben. Die graue Vorzeit war gar nicht so grau. Es gibt aber große Lücken und weite Sprünge in dem Verlauf der Entwicklung des Lebens auf unserer Erde, als wenn eine nicht näher identifizierte Schöpfungskraft, so wie außerirdische Götter-Genetiker, die Menschheit ab dem Erscheinen von Homo Sapiens bis zu dem Neandertaler und von dem Neandertaler bis zu dem Jetztmenschen gezielt manipuliert hätten, mit einer künstlichen Mutation also einen direkten Einfluss auf die Weiterentwicklung unserer Menschheit genommen hätten und damit die Verbreitung des intelligenten Menschen der Neuzeit, bis zu der heutigen Hightech-Gesellschaft, eigentlich erst ermöglichten."

Junior schaute mit seinen jadegrünen Augen ungläubig und fasziniert zugleich zum Vater, der seine Erzählung schulmäßig fortsetzte.

„Hier findet man eine gewisse Bestätigung in den bis heute gefundenen und ziemlich mühsam übersetzten, uralten Überlieferungen Sumerischer Keilschrifttexte auf den Tontafeln. Auf tausenden Keilschrifttafeln gab die damalige Hohepriesterin Encheduanna in ihren geheimen Offenbarungen Hinweise auf Außerirdische und ihre berühmten Taten. Aber leider fehlt auch hier in der ganzen Sumerologie ein kontinuierlicher Zusammenhang, um die fehlenden Glieder in der Evolutionstheorie, das heißt, in der Entwicklung der Menschheit, schließen zu können. Viele Tontafeln mit Keilschriften, die man für weitere genauere Untersuchung dringend benötigte, sind im Originalzustand unzugänglich, etliche Tontafeln sind einfach verschwunden, vernichtet oder noch gar nicht ausgegraben. Genauso, wie tausende von Schriftrollen, die in der langen Geschichte an vielen Orten der Erde in Flammen aufgingen oder sogar mit Absicht vernichtet wurden."

Nun war Vater bei seinem Lieblingsthema angelangt, bei den bronzezeitlichen Sumerern und dem von der Hochschulwissenschaft stark angezweifelten zehnten Planeten unseres Sonnensystems – dem Nibirus. Der Nibirus gehörte auch indirekt in den Bereich seiner Forschungsarbeiten als Astrophysiker, indem er sich mit den Berechnungen der Umlaufbahnen von Planeten, Asteroiden und Kometen befasste und damit in die unglaubliche Welt der Grenzwissenschaften stieß.

So setzte er als Professor weiter fort: „Die äußeren Himmelskörper in unserem Sonnensystem zeigen in einer Computersimulation, die auf naturgetreuen Beobachtungen basiert, in ihren Bewegungen große Abweichungen. Dafür könnte eigentlich nur die enorme Anziehungskraft eines zusätzlichen Planeten in den unendlichen Weiten jenseits von Neptun und Pluto verantwortlich sein. Viele, darunter auch renommierte Astrowissenschaftler, erahnten bereits schon früher die Existenz solchen Planeten, doch da draußen geht es hochdramatisch zu. Was da herrscht, ist für unsere Sinne noch eine unbegreifliche, eine verborgene Wirklichkeit. In den bisher ausgegrabenen Sumerischen Keilschrifttafeln fanden einige Forscher etliche entsprechende Hinweise in diese Richtung. Das Eintauchen des zehnten Planeten Nibirus auf seiner lang gezogenen elliptischen Umlaufbahn aus den Tiefen des Universums in das Sonnensystem verursachte in der Vergangenheit stets gigantische Verwüstungen. Die unzähligen Bruchstücke in dem Asteroidengürtel zwischen Mars und Jupiter, von denen einige Brocken mit einem Durchmesser von über mehrere Kilometer für die Erde sogar auch jetzt immer noch eine reale Bedrohung darstellen, sind der klare Beweis dafür. Einmal gab es sogar eine Kollision zweier Nibirusmonde mit unserer Erde, die damals nur eine leblose unfruchtbare Gesteinskugel war. So kam auch eine große Menge Wasser und Wasserdampf auf die Erde und die folgende enorme

Masseabsplitterung, das war die Geburtsstunde unseres Mondes, der seitdem einen stabilisierenden Effekt auf unseren Planeten ausübt, weil er die störenden Schwerkrafteinflüsse der Sonne ausgleicht. Die Sumerer beschrieben die Nibiruskollision als die Himmelsschlacht und zeigten damit, wie zerbrechlich unser Sonnensystem ist. Eine ähnliche Katastrophe droht uns in der nahen Zukunft erneut. Den Keilschrifttexten nach müsste etwa in 600 Jahren der Nibirus mit seinen Monden unsere Kreise wiederum durchqueren. Deswegen suche ich nach Klarheit für die nächsten Generationen. Eine große Hilfe könnten ich und auch alle Sumerologen von den amerikanischen Wissenschaftlern bekommen, die daran arbeiten, die Keilschriften in eine digitale Form umzuwandeln, in so eine Art Keilschriftdatenbank. Die Übersetzungen könnte man dann noch genauer auslegen. Dabei müsste man sich voll in die Zeiten der alten Sumerer zurückversetzen."

Da kam der Junior aus dem Staunen gar nicht mehr heraus, lenkte aber die Debatte wieder in die ursprüngliche Bahn: „Und konntest du in den beiden Vatikanischen Bibliotheken überhaupt irgendwelche neue Erkenntnis finden oder eine Bestätigung für deine umfangreichen Forschungsarbeiten entdecken? Und außerdem, wie sieht es aus mit der ewigen Frage über die eigentliche Bestimmung des Universums und ob wir dort alleine sind?"

Inzwischen griff Senior nach seiner Pfeifentasche, holte eine von den sündhaft teuren Pfeifen, die mit der zauberhaften Maserung, heraus und stopfte sie mit feinem Tabak, was stets so einem eingeübten Ritual glich. Nach dem Anzünden paffte er ein paarmal genüsslich vor sich hin und setzte seine Erklärung etwas weit hergeholt fort.

„Die Bibliothek selbst wirkte auf mich so leicht beängstigend. Ein imposanter, riesengroßer länglicher mit edlen Hölzern vertäfelter Raum. In der Mitte ragten unzählige viereckige Säulen heraus, die in eine gewölbte Decke geometrisch übergingen. Beides mit farbenfrohen Fresken der antiken Künstler bemalt. In den Seitenwänden waren die endlosen Regale integriert, vollgestopft mit uralten Schriften. Da spürst du geradezu den Atem der Vergangenheit, da liegt eine mehr als tausendjährige Menschheitsgeschichte vor dir, stets bereit zu berichten. Die Bestände der Bibliothek zählen zu den wertvollsten in der Welt."

Vater verstummte kurz vor seinem Gedankensprung zu der ursprünglichen Thematik: „Es gibt Aspekte, die außerhalb der Wahrnehmungsfähigkeit unseres Denkens liegen. Unbegreiflich sind vor allem die unermessliche Ausdehnung des Universums und die für uns unerreichbaren Entfernungen zu den bisher entdeckten Planeten, wo man erdähnliche Lebensbedingungen vermutet. Die sind alle viel zu weit weg. Da sind wir gefangen im Netz der Zeit. Für die Überbrückung der Spannweite zu den nähersten etwa 35 Lichtjahren entfernten Planeten würde ein Raumschiff mit unserem derzeitigen technologisch hochstehenden Stand der Antriebskraft Zehntausende von Erdjahren brauchen. Das heißt, dass wir mit dem heutigen Stand der Weltraumtechnik diese Distanzen nicht überwinden können. Da hilft uns nicht mal Einsteins Relativitätstheorie weiter. Oder unser Leben verläuft in der Zukunft in anderen, uns bis jetzt noch nicht bekannten, Dimensionen."

Vater genoss weitere Züge aus seiner Pfeife, dann wandte er sich Juniors Frage über das Leben im All zu: „Das musst du so sehen: Was für einen Sinn hätte es, wenn es in den unendlichen Weiten des Universums kein intelligentes Leben gäbe? Wir selbst hier auf der Erde sind eigentlich der beste Beweis dafür, dass intelligentes Leben im Weltraum existiert. Unser Planet ist zwar einzigartig in diesem grenzenlosen Raum, aber unser Sonnensystem ist nur ein winziger Bereich am Rande der Milchstraße und noch dazu wesentlich jünger, das heißt, mit etwa 4,5 Milliarden Jahren gerade halb so alt wie die Milchstraße selbst. Das ist astrobiologisch gesehen gerade noch sehr jung und lässt schon weitere Schlüsse zu, dass es alleine in der Milchstraße auch anderen Galaxien mit erdähnlichen Planeten geben kann und eigentlich geben muss, auf denen sich Leben nach unseren Vorstellungen hätte entwickeln können. Und zwar nicht nur mikrobiologisch primitiv, sondern mit Lebewesen als Ausdruck kosmischer Intelligenz, die in der Entwicklung eventuell schon wesentlich fortgeschrittener sein könnten, als wir es auf unserer Erde sind. Und dabei ist die Milchstraße nicht die einzige Galaxie des unendlichen Universums, sondern nur einer von unzähligen Sternennebeln und unvorstellbar vielen Sternsystemen. Somit ist unsere Erde mit Sicherheit keine Ausnahme, wir sind nicht alleine unter den Sternen."

„Gut, davon ist mir Etliches auch bekannt. Ich habe unlängst die letzten Bilder, die uns die Raumsonde Voyager1 zur Erde aus einer Entfernung von ein paar Milliarden Kilometern noch funkte, gesehen. Unsere Erde sah da aus wie ein winziger Staubpartikel in den dunklen Weiten des Universums. Aber ich meinte, ob du etwas für deine Arbeit so richtig verwerten konntest?", fragte Junior ungeduldig weiter. Er war zu hartnäckig, um sich mit der leicht ausweichenden Antwort des Vaters zufrieden zu geben.

Die kleine Pause nutzte Vater, um sich erneut seiner Pfeife zu widmen. Als sich der blaue Rauchdunst leicht verzog, stimmte er seinem Sohn zu: „Ja, doch. Ich stieß auf eine ziemlich alte, für mich als Astrophysiker sehr interessante Schrift, allerdings unbekannter Herkunft. Die bestätigte die neuesten wissenschaftlichen Untersuchungen, dass Sirius auf seiner Umlaufbahn, zwischen 15.000 bis 9.000 Jahren vor Christus von unserer Erde überhaupt nicht zu sehen war. Das ist deswegen so erstaunlich, weil gerade Sirius mit seinem kleinen Begleiter, dem Sirius B, von den Kulturen Altägyptens und den Sumerern immer wieder in Verbindung mit den außerirdischen Besuchern gebracht wird. Weiter bin ich noch über die Abschrift eines Tontafelfragments gestolpert, das dem Text nach zu der Tontafel gehören könnte, die im Britischen

Museum entdeckt wurde. Diese Überlieferung bestätigte ein hohes astronomisches Wissen der Altbabylonier und war schließlich auch die Grundlage der chaldäischen Sternenreligion. Die machten für damalige Zeit schon erstaunliche Beobachtungen, die ein Supercomputer einer amerikanischen Universität über unser Planetensystem erst unlängst als Bestätigung oder eher als ein weiteres Rätsel liefern konnte. Und zwar, dass unsere Sonne mit allen ihren Planeten nicht in der gleichen Ekliptik, das heißt, nicht in der gleichen Rotationsebene der Planeten, nicht in dem gleichen Neigungswinkel orientiert ist, wie wir die Spiralebene der restlichen Milchstraße angeordnet sehen. So etwas könnte sich astrophysikalisch gar nicht ergeben, dürfte eigentlich gar nicht sein. Wir gehören eher zu den übrig gebliebenen Trümmern der gesprengten Sagittarius-Galaxie, die somit am äußersten Rande in die Milchstraße eingedrungen war. Das könnte dann schließlich auch den vorher schon erwähnten großen Altersunterschied zwischen der übrigen Milchstraße und unserem Planetensystem erklären."

Das hörte sich für den Junior fast schon wie eine Vorlesung über die prähistorische Zeit an, doch er gab sich erstaunlich gut informiert.

„Einiges ist mir zum Teil bekannt, damals am Gymnasium habe ich mich mit dem berühmten Gilgameschepos mit seinen astronomischen Aufzeichnungen, das auf einigen Altsumerischen Quellen basiert, so ein bisschen befasst. Aber wie ich bisher hörte, waren es bei dir nur Bemerkungen aus vielen wissenschaftlichen Randbereichen, allerdings konntest du keine überzeugenden Erklärungen für deine Problematik finden."

Vater klopfte die Asche aus seiner inzwischen schon erloschenen Pfeife in eine überdimensionale Kristallglasschale, die seit ewigen Zeiten schon als ein Ersatz für den Aschenbecher am Tisch diente, und meinte dazu: „Da hast du ja leider recht. Ich suchte weitere brauchbare Hinweise auf die Existenz von früheren weiter entwickelten Zivilisationen, noch vor den Hochkulturen der alten Ägypter und Sumerer, denn die derzeitigen Andeutungen und vagen Belege werden von unserer etablierten Hochschulwissenschaft einfach ignoriert. Die passen nicht in das offizielle institutionalisierte, gar dogmatische und dadurch auch schwerfällige, von der Realität weit entfernte Geschichtsschema." Vater haute mit der Faust auf den Tisch, um dem letzten Satz ein Nachdruck zu geben und setzte fort: „Weiter habe ich, nachdem die religiösen Dogmen der Kirche ihre frühere uneingeschränkte Akzeptanz langsam verlieren, auch nach der ältesten Bibelausführung geforscht. Die Bibel ist zwar kein Geschichtsbuch, sondern eher eine Glaubensverkündung, doch seit langem vermutet man in bestimmten Kreisen, dass das Alte Testament auch verschlüsselte Texte beinhalten könnte. So einen geheimen Code der Bibel, also eine geheime tiefere Botschaft, durch die man zukünftige Ereignisse entschlüsseln könnte. Doch auch hier konnte ich nichts Besonderes, also keine Anhaltspunkte, finden. Das Spektrum der erwähnten Themen reichte von den Sumerern mit Nibirus, über die Milchstraße zu Sirius und schließlich bis zu der alten Bibel hin, aber die wahren Geheimnisse sind mit Sicherheit ganz woanders versteckt und liegen nicht in den zugänglichen Bibliotheken nur so frei herum."

„Kann man da also überhaupt nichts machen?", fragte Junior leise und schüttelte mit dem Kopf, doch sein Gesichtsausdruck zeigte, dass er darüber intensiv nachdachte.

„Da könnte uns eigentlich nur noch die geheime Bibliothek oder das Geheimarchiv im Vatikan weiterhelfen, aber die sind schon ewig, also mindestens seit dem Mittelalter, für die Außenwelt tabu! Gerade um die dunklen Geheimnisse dieser Bibliothek kreisen seit hunderten von Jahren viele abenteuerlichen Sagen und Mythen. Man sagt in den Forschungsgremien, dass die Kirche alle für sie gefährliche Schriften, so wie viele Tontafeln, unzählige Bücher und andere Artefakte konfiszierte, also unter Verschluss gehalten hatte, um die eigene Religion damit zu schützen. Das deutet genau auf die Brisanz der Texte hin, die die Theologie zum Wackeln bringen könnte."

Das war wie ein Signal für den aufmerksam lauschenden Richardjunior. „Na, auf was warten wir dann noch, knacken wir uns die Geheimnisse aus der sagenumwobenen Geheimkammer des Vatikans", äußerte er sich ziemlich euphorisch, sprang auf und klatschte laut mit den Händen. „Das heißt, holen wir uns die dort versteckten Schriften und die Tontafeln und entreißen den alten Keilschriften die letzten Geheimnisse der Schöpfungsgeschichte."

Doch nach kurzer Überlegung fragte Junior schon ziemlich leise und ratlos: „Aber wie kommt man da eigentlich rein und an die Schriften ran?"

„So einfach, wie es aussieht, ist es in der Wirklichkeit leider nicht. In den Vatikanstaat, der übrigens auch sehr streng bewacht ist, kommt nicht jeder hinein und wir sind keine Priester oder Bischöfe. Um das zu werden, bist auch du für die katholische Universität nun schon zu alt." Und nach einer ziemlich langen nachdenklichen Pause fügte Vater noch etwas zögerlich hinzu: „Und wir sind auch keine Schweizergardisten".

„Siehst du, das wäre doch die Lösung. Das ist ja die Lösung! Ein Schweizergardist wollte ich schon immer werden." Juniors heitere Stimmung ließ gar nicht nach, er wirkte, als hätte er eine neue Energiequelle angezapft und in seinem Kopf begann sich langsam ein verwegener Plan zu formen. „Mir hatten es die mittelalterlichen bunten Galauniformen der Gardisten und besonders der glänzende, fein geformte Helm mit der breiten, nach vorne in die Spitze gezogenen, wunderschön gewölbten Krempe so angetan. Ein echtes Schmiedekunsthandwerk. Ein dicker Hauch von Nostalgie. Sicherlich kannst du dich auch noch erinnern, als wir mit Mutti, die war doch Schweizerin, einen eidgenössischen Almanach durchblätterten und auf einen doppelseitigen Bericht über die Vatikanstadt stießen. Mit allen ihrer interessantesten Sehenswürdigkeiten vom Petersplatz und dem Petersdom mit seiner imposanten Kuppel bis zur Sixtinischen Kapelle mit all ihren Fresken. Da standen stolz auch die Schweizergardisten des Papstes. Wie war ich damals begeistert. Auch Mutti haben sie gefallen, sie hätte sicher nichts gegen mein Vorhaben gehabt. Gerade habe ich die militärische Ausbildung durchgemacht und römisch-katholisch bin ich ja schließlich auch."

Juniors Anspielungen an seine Mutter weckten beim Vater immer noch schmerzhafte Erinnerungen an seine geliebte Frau, die etwa vor einem Jahr nach einer schweren Krankheit verstorben war. Eine Weile schwieg er und sein trauriger Blick wanderte von dem Flammenspiel in dem Kamin zu dem Schreibtisch und streifte das Bild seiner Frau in dem Silberrahmen. Dann schloss Vater kurz die Augen, um nicht zu zeigen, wie sehr es schmerzte. Die seelischen Narben waren noch nicht geheilt.

Doch kurz danach klang sein Einwand schon wieder gefasst: „Du kannst nicht einfach auf irgendwelche Vermutungen über eine Geheimkammer alles aufgeben. Alle deine Pläne mit dem Studium der Elektronik und Informatik so abrupt ändern und, soweit mir bekannt ist, sind die Auswahlkriterien für die Schweizergardisten sehr streng."

Trotzdem blieb noch ein wehmütiger Ausdruck in Vaters Gesicht zurück.

Auch der Junior dachte kurz an seine liebe Mama. Er sah sie vor sich. Ihr schmales, hübsches Gesicht mit den dunklen Augen, die Herzenswärme ausstrahlten. Doch er war von seiner Idee so begeistert, dass ihn kein Einwand aus der Ruhe bringen konnte.

„Ich habe noch keine festen Pläne und so schlimm können die Aufnahmebedingungen doch nicht sein, dass ich die nicht erfüllen werde", gab sich Junior selbstsicher.

„Aber was wird deine Freundin Chiara dazu sagen, dass du nach

Rom auswandern willst? Ihr seid doch so gut wie verlobt", bremste Vater nach einer kurzen Überlegung den Junior weiter.

„Die Chiara kommt auch aus der Schweiz und spricht noch dazu fast perfekt italienisch. Sie studiert noch, sie will Kinderärztin werden. Da kann sie gut ein paar Semester auch nach Rom verlegen. Die medizinische Fakultät dort genießt sogar ein hervorragendes Ansehen." Junior war von seinem leicht verrückten Vorhaben, ein Schweizergardist zu werden, nicht abzubringen. Da demonstrierte er eben seine jugendliche Gradlinigkeit.

Vater Richard schüttelte beeindruckt mit dem Kopf und brummte leise vor sich hin: „Mal sehen, du hast mich zwar noch nicht ganz überzeugt, denn es gehört eine große Portion Mut dazu, um das zu tun, was du dir vorgenommen hast. Aber mit deiner Spontanität bringst du mich auf eine Idee. Darüber muss ich aber erst mal in aller Ruhe nachdenken."

Und das konnte der Vater am besten mit seiner Pfeife und einem Glas Wein am Kaminfeuer.

2. Richard Haunschild Junior schmiedet Pläne

Auch die folgenden Tage und Wochen beschäftigte sich Richard Junior, nach dem derzeitigen Job bei einer Security-Firma, stets mit seinem verwegenen Plan als Schweizergardist im Vatikan dem Papst zu dienen. Zu diesem Schritt schien er nun fest entschlossen zu sein, denn das, was er vorhatte, tat er, weil es ihn interessierte, und nicht, weil er es tun musste. Das mögliche Abenteuer und das Detektivspiel in Zusammenhang mit der Suche nach einer Geheimkammer mit den uralten Schriften hatte ihn fest gepackt.

Die zweite, nicht minder wichtige Triebkraft war die sich bietende Möglichkeit, seinem übergroßen Vater, der ihm immer aus der Patsche geholfen hatte, auch einmal behilflich zu sein. Selbstverständlich hatte er schon von klein auf Etliches von Vaters Untersuchungen mitbekommen und war von den dunklen Geheimnissen des Universums genauso fasziniert wie er.

Abends, als er mit seinem Vater zusammenkam, leitete er das Gespräch mehr oder weniger geschickt auf das Thema hin. Sie saßen wie immer am Schachtisch, doch die schweren, handgeschnitzten Figuren blieben diesmal als Statisten unberührt. Doch je mehr Einzelheiten und Bedingungen über die Aufnahme zu der Schweizergarde auftauchten, umso komplizierter und schwieriger erschien eigentlich das ganze Projekt „Vatikan".

Doch allmählich bekam das Vorhaben für den Junior konkrete Umrisse. Was bisher nur als eine fixe Idee aussah und als eine vage Möglichkeit in all seinen Gedanken nur so herumschwirrte, kristallisierte sich langsam zur Realität.

Die Schweizer Botschaft signalisierte in der Staatsbürgerschaftsfrage für Richard-junior das Einverständnis. Im Prinzip müsste er demnächst nur noch die dazu benötigten Urkunden und die Dokumente von seiner verstorbenen Mutter vorlegen. Und seine unlängst mit einer Auszeichnung absolvierte Militärgrundausbildung, sogar in einer Elitetruppe, war für die Rekrutenausbildung im Vatikan sicherlich auch nur von Vorteil. Noch dazu war die offizielle Amtssprache der Schweizergarde Deutsch.

Ein Wermutstropfen in die immer freundlicher sich entwickelnde Angelegenheit kam ausgerechnet von Richards junger Freundin Chiara. Sie reagierte total verstimmt und zeigte für diese Spinnerei, wie sie es nannte, überhaupt kein Verständnis. Sie schüttelte fassungslos nur mit dem Kopf. Im Gespräch mit Richard Junior machte sie ihrem Ärger Luft und ihre intelligenten blauen Augen blitzten ihn streitlustig an: „Wie ich sehe, muss ich mich mit dem Studium beeilen. Als Kinderärztin könnte ich dir in der Zukunft solche kindischen Einfälle dann besser austreiben. Ich dachte, du wolltest unbedingt Elektronik und Informationstechnik studieren." Chiara, die sonst so ausgelassene und fröhliche, aber auch selbstbewusste junge Frau, spürte, wie ihr die Tränen der Enttäuschung in die Augen stiegen. Doch sie grübelte nicht lange und legte herausfordernd und trotzig mit einer Stimme voller Skepsis sofort nach: „Das meinst du doch nicht ernst. Da haben wir beide völlig gegensätzliche Vorstellungen von unserer Zukunft." Dabei konnte sie sich gerade noch so zurückhalten, um nicht laut loszuschreien. Sie ließ Richard für weitere Erklärungen keinen Spielraum mehr. Er konnte nur schweigend beobachten, wie sie ihre Sachen zusammenpackte. Sie blieb diesmal in der Villa nicht über Nacht, wie sie es fast immer am Wochenende tat, sondern eilte kurz darauf heim. Bedrückt senkte sie den Kopf, dann warf sie sich mit einer schwungvollen Kopfbewegung das blonde Haar aus ihrem hübschen Gesicht zur Seite und ging. Sie ging, ohne sich ein einziges Mal umzuschauen. So war sie eben, jung, ausgelassen, fröhlich, aber auch zielstrebig. Sie wusste immer ganz genau, was sie wollte. Eben eine Mischung aus Zärtlichkeit und Entschlossenheit.

Richard schaute ihr ruhig nach, ohne auf Chiaras Bemerkungen näher einzugehen, und flüsterte nur so vor sich hin: „Irgendwann wirst du es schon erfahren, warum ich es wage." Er reagierte ziemlich gelassen, denn er hatte ihr die wahren Gründe für sein Vorhaben selbstverständlich nicht erzählt, und er mochte ihre offene Art, auch wenn die leicht bissige Bemerkung seiner Freundin diesmal eine Nuance zu weit ging und trotzig ausfiel. Aber sie war schon immer ein kleiner Dickschädel gewesen. Doch trotz alledem war Junior irgendwie enttäuscht darüber und hatte sogar plötzlich das Gefühl, sie verletzt zu haben. Das wollte er ihr nicht antun und sich selbst auch nicht eingestehen.

Chiara wollte das Medizinstudium an ihrer jetzigen heimischen Universität durchziehen. Es wäre auch nicht gerade die beste Lösung gewesen, vor den bevorstehenden wichtigsten Prüfungen die Uni zu wechseln. Falls Richard trotzdem in den Vatikan gehen sollte, und genau das hatte er vor, wäre es für ihre Liebe zwar eine harte Prüfung gewesen, aber da hätte sie auch keine allzu großen Bedenken dazu.

Allerdings herrschte seit dem letzten Chiaras Besuch beim Richard diesbezüglich eine beiderseitige Funkstille. Keiner wollte den ersten Schritt tun, auch wenn beiden der plötzliche Abstand sicherlich wehtat.

Nachdem sich Richard-junior die Bestätigung über seine Schweizerische Staatsbürgerschaft am Konsulat in München abgeholt hatte, nahm das Projekt „Vatikan" seinen direkten Lauf. Gerade hatte er mit seinem Vater alle Unterlagen in der Bewerbungsmappe zusammengefasst, nochmals kontrolliert und bewertet.

Dabei fragte ihn Vater behutsam: „Du wirst dich für mindestens zwei Jahre dort binden müssen und wer weiß, ob eine Geheimkammer überhaupt existiert. Da kreisen eigentlich nur viele Sagen und Mythen darüber und wie willst du das riesige und ziemlich unübersichtliche Areal durchsuchen? Dabei ist mit Sicherheit alles auch streng bewacht und abgesichert. Willst du dir das Ganze doch nicht nochmals überlegen?"

Junior zögerte keinen Augenblick, denn je länger er diesem Gedanken nachging, umso besser gefiel er ihm: „Nein, natürlich nicht! Ich war von der abenteuerlichen Idee von Anfang an begeistert und brenne direkt darauf, dir und damit auch der Wissenschaft eine Hilfe zu leisten. Sicher wird die ganze Anlage streng bewacht, dazu sind die Gardisten doch da, aber einer von denen werde demnächst ich. Und wie du eben vorhergesagt hast, ich habe schließlich genug Zeit dazu, sogar gleich zwei Jahre. Deswegen bin ich zuversichtlich, dass wir bestimmt alle Geheimnisse knacken."

Vater Richard brummte zustimmend und wandte sich seiner Pfeifentasche zu.

Als Richard-junior mit dem großen Briefumschlag vor dem Postschalter in der langen Reihe wartete, piepste plötzlich in seiner Jackentasche das Handy. Er zog es heraus und als er am Display die ihm so bekannte Nummer sah, verließ er die wartende Reihe, um in dem Postraum eine ruhigere Ecke zu finden. Ziemlich seltsam, dachte er dabei und zwangsläufig fiel ihm die so entstandene Situation als eine Art von Telepathie gar schicksalhaft auf, denn gerade, als er seine Bewerbung absenden wollte, meldete sich seine Freundin, die so stark dagegen war. Dann drückte er die Meldetaste und bemühte sich um einen ruhigen versöhnlichen Tonfall: „Ja bitte, was ist los, Chiara?"

„Ich muss dich unbedingt sprechen." Chiaras Stimme klang gequält und ein bisschen zu hastig. „Ich habe vorher bei euch zu Hause angerufen und dein Vater erklärte mir, dass du mit den Bewerbungsunterlagen für die Schweizergardisten zur Post gegangen bist. Bitte warte noch. Könnten wir uns kurz treffen und alles besprechen, bevor du das abgibst? Es ist wichtig. In der Nähe der Hauptpost, gleich um die Ecke, ist eine Cafeteria. Ich bin in einer knappen Viertelstunde dort."

„Gerne, wir können uns dort treffen, aber in der Zwischenzeit erledige ich es mit der Sendung. Die Entscheidung steht bei mir fest", meinte Richard kategorisch und seine Stimme setzte einen gewichtigen Punkt hinter dem Satz. Das war eine Antwort, die von seiner Seite die Klarheit schaffte, aber die Chiara noch mehr verwirren musste. Doch als sich Chiara danach gar nicht meldete, hackte Richard noch mal nach: „Bist du noch dran?"

„Ja, ich habe nur verzweifelt überlegt und lange mit mir gerungen, ob dann das Treffen überhaupt noch einen Sinn hätte. Die Entscheidung fiel mir nicht leicht, aber ich komme trotzdem. Also bis dann."

Richard-junior saß schon eine ganze Weile am Barhocker in dem kleinen Café beim Cappuccino, als sich Chiara zu ihm gesellte.

„Hallo!", sagte sie ziemlich leise mit einem erwartungsvollen Lächeln.

„Schön, dass du trotzdem gekommen bist", begrüßte er sie freundlich, doch die Küsschen links und rechts blieben diesmal aus. Richard bestellte für sie auch einen Cappuccino und ein Marzipan-Mandelhörnchen, das mochte Chiara besonders gerne.

Einen Augenblick lang schwiegen sie beide, nur mit dem duftenden Kaffee beschäftigt. Dann unterbrach Richard, leicht verlegen, die Stille und kam gleich zu dem eigentlichen Thema: „Ich glaube, ich bin dir für die spontane und ziemlich eigenwillige Entscheidung, ein Schweizergardist zu werden, eine Erklärung schuldig. Ich weiß, die hätte ich schon früher liefern sollen."

„Ja, ich bitte darum", sagte sie erwartungsvoll. Sie wusste, dass sie sich nun zu einer Entscheidung durchringen musste.

„Sicher hast du dich schon gefragt, was mich auf so eine seltsame Idee gebracht hat", fing Richard zögerlich an. „Es ist nicht so, dass ich plötzlich den Soldaten spielen wollte, es betrifft meine ganze Entwicklung von klein auf. Schon als Kind habe ich nicht, wie die Jungs, mit Zinnsoldaten gespielt, sondern mit Vaters Schachfiguren gezogen. Mein Vater hatte mir dabei nicht nur das Schachspiel beigebracht, sondern mich nach und nach auch in die so faszinierende Welt des Universums eingeführt. Am Anfang habe ich sogar seine wissenschaftlichen Arbeiten über die Astroarchäologie heimlich durchgeblättert, ohne es überhaupt so richtig verstanden zu haben. Besonders die beigelegten spektakulären Aufnahmen von dem Hubble-Weltraumteleskop über unser Planetensystem waren für mich faszinierend. Doch vieles ist für mich auch jetzt noch und bleibt wahrscheinlich für immer ein Rätsel".

Chiara nickte nachdenklich.

„Später, eigentlich in all den Jahren danach", setzte Richard erklärend fort, „hatte sich die Einführung in die Astrophysik bei mir stets vertieft. Mein Vater hatte etliche Forschungsarbeiten mit mir zum Teil besprochen. Er versuchte es mir halt, als Professor, so gut es eben ging zu erklären. Man muss seinen gewagten Hypothesen keinesfalls vollständig zustimmen, doch man wird einfach in die unendlichen Tiefen des Weltalls mitgerissen. Auch am Gymnasium habe ich mich der Astronomie in einem Interessenkreis schon stark gewidmet und in der Sternwarte in unserer Stadt habe ich unzählige Male diverse Planeten, Sternbilder und die Mondfinsternis begeistert angeschaut. Einmal warst du sogar, wenn ich mich recht erinnere, auch mit dabei."

„Das weiß ich doch. Seit der vorletzten Klasse kennen wir uns schon und das erste Mal, als wir gemeinsam ins Kino gingen, lief ein Science-Fiction-Film über die fernen Sternenbewohner", unterbrach ihn Chiara zustimmend und hakte gleich nach: „Schon damals habe ich mir immer wieder die Frage gestellt, wie konnte sich dein Vater so ein ausgefallenes Hobby aussuchen?"

„Wir kommen zwar leicht von dem ursprünglichen Thema ab, aber genau das habe ich als Junge damals meinen Vater auch gefragt. Die Astroarchäologie hängt so ein bisschen mit seinem Beruf als Astrophysiker zusammen, doch der direkte Antrieb war höchst kurios und amüsant. Als Vater noch als Teenager am Gymnasium war, hatte eine junge Schlagersängerin, ich glaube, dass sie eine griechische Sängerin war, ein Lied namens *Auf dem Mond da blühen keine Rosen* gesungen. Vater mochte damals eigentlich gar keine Schlager, aber der Text des Refrains ging ihm lange nicht mehr aus dem Kopf. Im Laufe der Zeit besuchten und untersuchten schon mehrere Astronauten unseren Trabanten und haben das mit den Rosen bestätigt. Doch Vater hatte sich ernsthaft vorgenommen, nicht nur nach Pflanzen, sondern nach Spuren von Lebewesen im Universum zu suchen. Seitdem widmet er sich beruflich, wie auch in seiner Freizeit der Forschung nach dem Leben im Weltall und seit Mamas Tod, erfüllt die Wissenschaft Vaters ganzes Leben."

Chiara hörte gespannt zu, schaute erstaunt zu Richard und beinahe hätte sie sich vor lauter Aufregung an dem Hörnchen verschluckt.

Nach einem leichten, eher liebevollen Klaps auf Chiaras Rücken, was ihr allerdings kaum half, erklärte Richard weiter: „Nur noch kurz, bevor ich zu dem eigentlichen Thema zurückkomme, du hast den Science-Fiction-Film von damals erwähnt. Mein Vater hat nicht gerade eine gute Meinung über diese Autoren. Die meisten, wenn nicht sogar alle Science-Fiction-Werke unterstellen den Außerirdischen ein den Erdmenschen ähnliches soziales Verhalten. Das heißt, die ganze Geschichte der sogenannten Zivilisation auf unserem Planeten ist, seitdem es Chronisten niederschrieben haben, nur durch Kriege um Macht und Reichtum, sowie durch die Unterdrückung und Ausbeutung der anderen Menschen und gleichzeitig auch der Natur charakterisiert. Man erwartet von einer kosmischen, weiterentwickelten, weiter fortgeschrittenen Zivilisation ein anderes Verhalten, denn sämtliche Kriege können letztendlich nur zur Vernichtung jeder Zivilisation führen. Aber lassen wir die Politik lieber."

Nach einer kurzen Pause kam Richard zu dem eigentlichen Thema zurück: „Mein Vater hatte vor ein paar Wochen an dem astrobiologischen Kongress an der Päpstlichen Akademie der Wissenschaften in Rom teilgenommen. Er traf dort seinen ehemaligen Mitschüler und Freund, der inzwischen als Kardinal in Diensten des Vatikans tätig ist. Kardinal Stephan Clements schlug bei einem Gespräch, nach dem gemeinsamen Abendessen, meinem Vater vor, seinen Aufenthalt in Rom um ein paar Tage zu verlängern und die alten Schriften in der Vatikanischen Apostolischen Bibliothek, die zu den wertvollsten der Welt zählen, durchzublättern und auszuwerten. Das tat dann mein Vater auch und er fand in der Bibliothek viele sehr interessante Berichte und Hinweise, er war begeistert und irgendwie übertrug sich die wissenschaftliche Begeisterung nach seiner Erzählung auch weiter auf mich. Ich will auch Astroarchäologe werden. Das Studium in der Vatikanischen Bibliothek, am Abend nach dem Dienst als Schweizergardist, denn anders komme ich da gar nicht rein, wäre bestimmt die optimale Vorbereitung dazu. Vielleicht ergibt sich dabei später auch eine Möglichkeit, dass ich an der Päpstlichen Akademie der Wissenschaften einige Vorlesungen belegen könnte, denn dort bei den Gardisten wird eine Weiterbildung auch unterstützt."

Die ausweichende, leicht improvisierte, aber gut vorbereitete Erklärung von Richard zeigte selbstverständlich nicht die wahren Gründe des Vorhabens, aber sie klang ziemlich plausibel.

„Nun, das sind schon ganz andere Grundvoraussetzungen. Das hättest du mir auch schon früher erläutern können und mich nicht unvorbereitet gleich vor fertige Tatsachen zu stellen. Ich fürchte nur, dass du bei dem harten und anstrengenden Militärdienst nicht so viel Zeit zum Studieren haben wirst. Wenigstens am Anfang nicht", meinte Chiara schon sichtlich erleichtert, gleichzeitig schränkte aber Richard seine Studiums Möglichkeiten nach einer kurzen Überlegung ein. Doch dann nippte sie an ihrem nur noch lauwarmen Cappuccino und biss genüsslich in das Mandelhörnchen.

„Ich wollte es dir damals auch genauer erklären, doch du warst in der ersten Aufregung zu stur und ranntest gleich weg. Im Nachhinein kann ich es dir nicht mal übelnehmen", antwortete Richard und dachte dabei, wie begeistert Chiara sein müsste, wenn sie die wahren Gründe erst erfahren würde. Sie liebte Abenteuer, aber zu dieser Zeit konnte er sie noch nicht als Komplizin einweihen.

Chiara sah ihren Freund etwas sanfter an. „Ich bleibe hier zu Hause, wegen meines Studiums an der Uni, denn in diesem fortgeschrittenen Stadium, so kurz vor den Zwischenprüfungen und Praxis kann ich es auf keinen Fall verlegen. Wir müssen für die nahe Zukunft neue Wege finden, denn wir werden längere Zeit kein normales Liebesleben führen können, aber ein gelegentlicher Wochenendtrip nach Rom müsste schon die Reise wert sein. In der altertümlichen, ewigen Stadt war ich noch nie", bezog Chiara ihre Stellung schmunzelnd.

Richard quittierte es beruhigt, doch er wandte gleichzeitig ein: „Es ist noch nicht gesagt, dass ich dort auch aufgenommen werde. Bis dahin haben wir noch ein paar Wochen Zeit, die wir zusammen nutzen sollten. Falls du immer noch willst?"

„Und ob ich will!", sagte Chiara mit einem strahlenden Lächeln, glitt voller Begeisterung von dem Barhocker herunter und warf sich ihm ziemlich ungestüm in die Arme, sodass Richard Mühe hatte die Balance zu halten. Er nahm ihre Hände in seine und zog sie ganz eng an sich. Sie küssten sich, die Welt um sich vollkommend ignorierend. Nur den Duft von Chiaras teurem Parfüm nahm Richard überhaupt noch wahr.

Es hatte Zeiten in Richard-juniors Leben gegeben, da waren die Tage nur so an ihm vorbeigejagt. Jetzt dagegen war ihm ein einziger Tag wie die ganze Ewigkeit erschienen. Das waren die Tage des Wartens. Er wartete ungeduldig auf eine Antwort aus Rom, auf eine Entscheidung über seine Bewerbung als Schweizergardist. Deshalb war dann, als er von seinem Job nach Hause kam, auch das Erste was er tat: Er durchwühlte die Tagespost an Vaters Schreibtisch. Doch bisher hatte er es stets umsonst getan. Da halfen keine Abendgespräche oder Schachpartien mit seinem Vater. Da halfen keine gemeinsam mit seiner Freundin Chiara verbrachte Abende. Jeder weitere Tag ohne das Kuvert mit dem Vatikan-Emblem in Briefkasten erhöhte nur noch mehr den hohen Druck auf Richard-junior. Er war zermürbt.

Einen kleinen Lichtblick gab es, nachdem Kardinal Clements mit Richards Vater telefoniert und die Bewerbung vom Junior erwähnt hatte. Des Kardinals Stimme verriet großes Interesse. Er war zwar im Vatikan nicht für die Schweizergardisten zuständig, wurde allerdings von einem der Bischöfe, der damals beim Vaters Besuch den Bibliotheken Eintritt genehmigte, diesbezüglich angesprochen. Der Bischof konnte sich noch ziemlich gut an den Namen Haunschild erinnern und ließ sich das auch in den Unterlagen von damals bestätigen. Da er über den Kontakt von Kardinal Clements zu Professor Haunschild wusste, hatte er beim Kardinal nachgefragt, ob da ein Zusammenhang mit der derzeitigen Bewerbung von Richard Haunschild als Schweizergardist wäre, oder ob es doch nur ein Zufall bei den Nachnamen sei.

Richards Vater hatte am Telefon dem Kardinal die Gründe für die Bewerbung seines Sohnes als Schweizergardist andeutungsweise, ohne die wahren Einzelheiten, erklärt. So im Sinne, dass sich Richard-junior später auch der Astroarchäologie widmen wolle. Doch vorerst interessierte er sich für die Einstellung der Kirche, für das religiöse Denken über das extraterrestrische Leben.

Der Kardinal zeigte sich darüber sehr erfreut und betonte, dass es eine ehrenvolle Aufgabe sei, dem Papst und dem Vatikan-Staat zu dienen und sie zu schützen. Gleichzeitig betonte er aber auch, dass er die Bewerbung nicht direkt beeinflussen könne.

„Wir wollten auch keine Protektion, deshalb habe ich mich eigentlich noch nicht gemeldet", erklärte Vater dazu. „Junior meint es ernst und er muss sich eben im Leben selbst durchsetzen."

„Das ist eine sehr positive Einstellung, die auch ich voll unterstütze. Ich sehe, du meisterst deine Vaterrolle sehr gut", stimmte der Kardinal zu. Die leichte Betonung am Ende des Satzes, als er über die volle Unterstützung sprach, war allerdings nicht zu überhören.

Danach erklärte Kardinal Stephan ruhig weiter: „Die Entscheidung über die neuen Rekruten fällt schon bald und es würde mich sehr freuen, wenn es dein Sohn schaffen sollte. So ohne Eigennutz ist mein Wunsch dabei eigentlich auch nicht, denn ich hoffe, dass auch wir beide uns dann öfters sehen. Besonders deine Ausführungen über die Astrophysik und aus der Astroarchäologie hatten mich letztmals sehr stark beeindruckt. Oft habe ich daran gedacht, als ich einen besinnlichen abendlichen Spaziergang in den Päpstlichen Gärten unternahm und zu dem Himmel nach Süden aufschaute. Da leuchtete zu dieser Jahreszeit das Sternbild Orion und wie du mir damals gezeigt hast, in der Verlängerung des Oriongürtels nach links herunter strahlte über alles der so geheimnisvolle Sirius. Das zwang direkt zum Nachdenken über die so großartige Schöpfungskraft unserer Natur. Diese interessanten Gesprächsrunden müsste man unbedingt fortsetzen, gar intensivieren. Ja, und bei deinem nächsten Besuch sollten wir uns auch die Sterne in der vatikanischen Sternwarte im Castel Gandolfo bei Rom genauer anschauen. Das werde ich dann schon organisieren."

„Stephan, da hast du ja recht, auch für mich war es lehrreich zu erfahren, wie sich die Kirche zu den Fortschritten in der Enträtselung des Universums stellt. Auch mich würde eine erneute Begegnung sehr freuen", meinte Richard-senior und dachte dabei kurz nach, wie seltsam es eigentlich von einem Kardinal klang, von einer Schöpfungskraft der Natur zu sprechen.

„Gut, wir sehen uns spätestens am 6. Mai. Also, mach's gut, bis dahin", verabschiedete sich Stephan Kardinal Clements von Richard-senior, der, nachdem er den Hörer aufgelegt hatte, noch lange darüber nachdachte, wieso sie sich ausgerechnet am 6. Mai treffen sollten?

3. Richard-junior wird Schweizergardist

Ein Aufschrei der Freude hallte durch das Arbeits- und Schachzimmer, als Richard-junior hereinstürmte und in dem Postkästchen auf Vaters Schreibtisch das lang ersehnte weißgelbe Kuvert mit dem Vatikanwappen in der linken Ecke oben erblickte.

Nach dem Aufschrei, den man auch anders auslegen konnte, stürmte Vater mit der Haushälterin, die ein paar Male in der Woche versuchte, den Männerhaushalt immer wieder so ein bisschen in Ordnung zu halten, besorgt in das Arbeitszimmer. Doch als sie den Junior mit dem Brief in der Hand und einem siegessicheren Lächeln im Gesicht sahen, waren sie einigermaßen beruhigt. Der Junior strahlte, denn eine andere Alternative als eine positive Nachricht aus dem Vatikan kam für ihn erst gar nicht in Frage.

Die Haushälterin verschwand gleich wieder in die Küche und Vater kam zu seinem Sohn. Trotz angestauter Neugier machte Junior den Brief vorsichtig, fast zeremoniell, mit Vaters Brieföffner aus poliertem Messing auf. Dann überflog er die ersten Zeilen und rief voller Begeisterung: „Vater, ich werde Schweizergardist!"

Vater umarmte seinen Sohn: „Ich wusste, dass du es schaffen kannst." Dann standen sie Minuten lang nur so schweigend da. Nach einer Weile löste sich Junior aus Vaters Umklammerung und wandte sich wieder dem Schreiben zu.

„Oh, ich muss mich aber sehr beeilen. Schon nächste Woche sollte ich in Rom, also im Vatikan ankommen, denn sonst würde ich die erforderliche Grundausbildung bis zu der feierlichen Vereidigung der neuen Rekruten am 6. Mai nicht mehr schaffen …"

„Was? Am 6. Mai werden die neuen Rekruten vereidigt?", unterbrach ihn sein Vater schmunzelnd. „Jetzt weiß ich endlich, warum der Stephan, also der Kardinal Clements, am Telefon meinte, dass wir uns spätestens gerade an dem Tag treffen könnten. Darüber habe ich dann lange gegrübelt, der kann was erleben!"

Junior staunte über Vaters Freudenausbruch, doch er widmete sich gleich wieder neugierig dem Brief. In der Anlage stellte man ihm anschließend die Päpstliche Schweizergarde, die zwar die kleinste Armee der Welt ist, aber zu den ältesten militärischen Verbänden gehört, genauer vor. Sie erhoben die ruhmreiche Geschichte, denn seit 1506 schützen schon die Gardisten das Oberhaupt der Katholischen Kirche den Heiligen Vater und sichern den Apostolischen Palast sowie alle Zugänge zur Vatikanstadt ab. Neben den Sicherheitsdiensten, die eine Hauptaufgabe darstellt, erfüllte die Schweizergarde auch Ehrendienste bei Papst-Audienzen und Empfängen. Weiter erwähnten sie auch die alltäglichen Aufgaben und Pflichten. Die Organisation und Aufgaben sind nach einem päpstlichen Reglement bestimmt. Man legt viel Wert auf ihre Prinzipien.

Selten, wenn überhaupt, stoßen die hundertjährige Tradition und die Moderne von heute so eng aufeinander wie in der Schweizergarde.

Zum Schluss kamen sie in dem Schreiben zu den diversen Möglichkeiten in der Freizeit wie Sport, Kultur und Weiterbildung.

„Siehst du", kommentierte Junior die letzten Angaben aus dem langen Schreiben laut, „die Weiterbildung ist dort großgeschrieben. Ich hoffe, dass die Päpstliche Akademie auch naturwissenschaftliche Vorträge bringt, wie bei deinem Seminar, denn ich will es dir nachmachen und Astroarchäologie studieren."

„Na, da hast du dir ja enorm viel vorgenommen. Es erfordert viel Mut in eine ungewisse Zukunft zu steuern", meinte Vater eher so nebenbei, denn in Gedanken war er immer noch mit der damaligen Äußerung von Kardinal Stephan beschäftigt.

Es kamen hektische Tage auf Richard-junior zu. Bis zu seiner Abreise lag ein ganzer Haufen von Aufgaben vor ihm. Er hatte sich dazu sogar einen Arbeits- und Terminplan erstellt.

Gut, dass die Security-Firma, bei der Richard zurzeit beschäftigt war, auf die genaue Einhaltung der Kündigungsfrist verzichtete. Aber wahrscheinlich war der Firmenchef von Richards Vorhaben sehr stark beeindruckt. Das zeigte sich auch in dem ausgezeichneten Zeugnis, das er Richard ausstellte.

Mitten in das Durcheinander platzte Chiara noch mit ihrer Überraschung für Richard, dass in der Villa abends eine kleine Abschiedsparty stattfinden sollte. Sie hatte sich vorab mit Richards Vater darüber abgesprochen. Der fand es auch gut die engen Freunde von Junior einzuladen. Die Haushälterin war gerade dabei und meinte ziemlich erschrocken, dass das nicht zu bewältigen sei, darauf war sie gar nicht vorbereitet. Chiara konnte sie gerade noch mit der Erklärung, dass alles ein namhafter Partyservice übernehmen würde, beruhigen. Und für ihren Richard hatte sie nur eine einzige Aufgabe, er sollte Vaters Weinkeller so ein bisschen anzapfen, und sie lachte darüber spitzbübisch.

Auf die Schnelle konnte Chiara nicht alle Freunde erreichen, aber die näherten erschienen fast alle. Michael, Richards bester Freund noch vom Gymnasium, der nun am Konservatorium klassische Musik studierte, brachte gleich sein Profi-Keyboard mit und sorgte den ganzen Abend für die musikalische Unterhaltung. Auch wenn er diesmal auf die Klassik verzichtete, bewies er, dass ihm die Schlagerwelt nicht ganz fremd war.

Alle Freunde waren ausnahmslos von Richards seltsamem und spontanem Vorhaben, Schweizergardist zu werden, vollkommen überrascht. Zum Teil war es für sie fast unbegreiflich, denn sie kannten aus vielen früheren Gesprächen mit Richard seine fast atheistische Weltanschauung, die sehr eng auch mit der Arbeit seines Vaters zusammenhing sowie in die Richtung der Unendlichkeit des Universums orientiert war. Nun begab er sich sogar freiwillig in die Dienste der Katholischen Kirche.

Richard selbst hatte seinen gewagten Schritt selbstverständlich nur andeutungsweise erklärt, ähnlich wie er das Chiara unlängst vorgemacht hatte. Doch nur mit viel Mühe konnte er den Freunden klarmachen, dass er nicht vorhatte, ins Kloster zu gehen. Darüber kicherten die anwesenden Damen, denn sie waren alle der Meinung, dass er so etwas sowieso nicht lange ausgehalten hätte. Unter sich hatten die Frauen selbstverständlich auch gerätselt, wie es mit Chiara und Richard, mit ihrer Liebe, weitergehen sollte. Doch darauf würden in der Zukunft nur die beiden eine richtige Antwort geben können.

So entwickelte sich steigend eine fröhliche Party, bei Live-Musik, einem hervorragenden Buffet und dem besten Wein. Einige Freunde hatten sich schon eine längere Zeit nicht gesehen, so war für sie auch die Möglichkeit zum Austausch der Neuigkeiten ganz angenehm.

Auch das Geschenk der Freunde für Richard sorgte für eine weitere Welle der heiteren Stimmung. Denn sie überreichten dem verdutzten Richard ein Flugticket nach Rom und zwar für Hin- und auch für Rückflug. Die Fluggesellschaft garantierte eine zweijährige Gültigkeit für das Rückflugticket und die Freunde waren sich damit auch sicher, so wie sie es schmunzelnd erklärten, dass Richard dann wieder zu ihnen zurückkommen würde.

„Ihr habt ja recht", bedankte sich Richard freudestrahlend und sichtbar bewegt „die gleiche Party findet in zwei Jahren erneut statt. Dazu habt ihr mein Schweizergardisten Wort!"

Und Chiara blieb diesmal in der Villa über Nacht.

4. Die ersten Eindrücke von Rom

Italien nahm Richard, nach der Landung auf dem Fiumicino-Flughafen Leonardo da Vinci in der Nähe von Rom, freundlich auf. Es war sonnig und der leichte Westwind, der vom nahen Tyrrhenischen Meer wehte, roch nach Salz und Tang, nach endloser Weite, nach Urlaub.

Doch für Richard war es keine Urlaubsreise, deswegen wählte er vom Flughafen nach Rom die Sitbus-Variante, da der Bus zuerst zu Vatikanstadt fuhr. Für die Besichtigung der tausendjährigen Sehenswürdigkeiten von Rom hatte er schließlich zwei Jahre Zeit.

Die Bushaltestelle lag in einer Seitenstraße direkt an der Mauer zur Vatikanstadt. Doch Richard hatte sich vorgenommen den Petersplatz vom Anfang an bis zum Petersdom durchzuschreiten, um die Wirkung der eindrucksvollen Anlage selbst zu erleben. Im Fernsehen hatte er schon ein paar Mal gesehen, wie der Papst zu verschiedenen Festen dort eine Messe zelebriert und den Segen „Urbi et Orbi" vor hunderttausenden Gläubigen erteilt hatte. Nun war der Petersplatz fast leer, doch Richard spürte mit jedem Schritt, mit dem er sich dem imposanten Bauwerk, dem Petersdom näherte, immer stärkeres Kribbeln im Bauch. Gleichzeitig kamen ihm schon jetzt große Bedenken, ob er die Aufgabe für seinen Vater nicht stark unterschätzt hatte. Er konnte den Komplex nicht übersehen, doch die Größe konnte er sich jetzt gut vorstellen. Wie sollte er dort überhaupt etwas finden?

Doch erst musste er dort rein. Richard schlenderte tief beeindruckt den Petersplatz zurück, zu dem Seiteneingang Porte Angelica. In dem Durchgang stand ein Schweizergardist mit Hellebarde auf der Wache. Als Richard näherkam, versperrte ihm der Gardist gerade mit der Hellebarde den Weg.

Danach sprach ihn Richard so ziemlich kumpelhaft an: „Willst du denn deinen zukünftigen Kollegen nicht reinlassen?"

Doch der Gardist verzog keine Miene, antwortete nicht und machte auch sonst überhaupt keine Anstalt, um den Weg freizumachen.

So zog Richard das Vatikanschreiben mit dem gut erkennbaren Wappen aus seiner Jackentasche heraus und zeigte es dem Gardisten.

Die Hellebarde richtete sich danach in die senkrechte Stellung auf und Richard legte die ersten Schritte in die Vatikanstadt hin. Dabei erinnerte er sich noch gut an Vaters Äußerung: „Es sind nur ein paar Schritte, nur ein paar Meter von Rom in die Vatikanstadt, doch man befindet sich gleich in einer total anderen Welt". Es ging Richard-junior nun genauso.

Er sollte sich beim Kommandanten melden. Der Weg, den ihm der Schweizergardist dazu genau erklärte, führte in den nordöstlichen Teil der Vatikanstadt mit der Kaserne der Gardisten und den Dienstleistungsgebäuden an einer kleinen Parkanlage vorbei.

Der Kommandant, ein Offizier der alten Schule, begrüßte Richard nach dem „Dienst-nach-Vorschrift-Prinzip" ziemlich gleichgültig. Er hatte die einzelnen Punkte, wie alle die Aufgaben und Pflichten für die Gardisten sowie die Unterbringung, das Ankleiden usw., nach dem vorbereiteten Schema von dem Einstellungsprotokoll vorgelesen, kurz erklärt und abgehakt.

Richard selbst kam kaum zu Wort. Nur als der Kommandant nach Richards Gründen für den Dienst als Schweizergardist fragte, kam Richard leicht ins Stottern, aber er meisterte es um Sachlichkeit bemüht ganz gut.

Die Meinung des Kommandanten darüber, ob er Richards Erklärung überhaupt verstanden hatte, war aus seiner zurückhaltenden Mimik gar nicht zu erkennen. Er machte in dem Protokoll nur ganz kurz ein paar Notizen und brummte etwas Unverständliches für sich. Doch dann entspannte eine echt wirkende Freundlichkeit seine Gesichtszüge. Anschließend zeigte er Richard noch den Weg in die Schneiderei. Dort fertigte der Gardeschneider jedem neuen Gardisten die persönliche Uniform an.

In dem Gardequartier, Richard wurde eine Zweierstube zugeteilt, warteten gleich zwei Überraschungen auf ihn. Die erste Überraschung kam dem verblüfften Richard entgegen, als er die Zimmertür nach dem Anklopfen aufmachte. Es war der junge Wachmann von der Porte Angelica. Allerdings wirkte er ohne die Exerzieruniform und ohne das Barett jünger, vielleicht nur zwei Jahre älter als Richard selbst.

„Grüß dich, ich soll mich in den ersten Tagen um dich so ein bisschen kümmern und dir behilflich sein. Ich bin Bernhard und komme aus Bern, du kannst Berni zu mir sagen."

Bei dem kräftigen Händedruck stellte sich dann Richard vor: „Ich komme aus der Münchner Gegend und meine Mutti war Schweizerin."

„Ja und noch eine Entschuldigung für die leichten Unstimmigkeiten von vorher am Eingang", ergänzte Berni, „aber du wirst es auch bald lernen, an der Wache darf man sich nicht unterhalten."

„Ist schon gut", meinte Richard und schaute sich in der ziemlich gemütlich eingerichteten hell tapezierten Stube um. Auf dem kleinen Beistelltisch in der Ecke merkte er die zweite Überraschung. Da lag ein Schachbrett. Die Figurenstellung war auf den ersten Blick ausgeglichen und deutete auf den Übergang von der Eröffnung ins Mittelspiel.

Berni folgte Richards Blick und fragte neugierig: „Spielst du etwa auch Schach?"

„Na ja, so amateurmäßig. Mein Vater hat es mir beigebracht, aber mehr so, dass er mit jemandem zu Hause spielen kann. Selten habe ich ihn schlagen können. Er ist Hochschulprofessor und so schulmäßig sind wir etwa alle Schachschritte durchgegangen."

„Super wir können es bei der Gelegenheit mal probieren. Vorerst aber habe ich von unserem Kommandanten die Aufgabe erhalten, dass ich dir in den nächsten Tagen das ganze Areal der Vatikanstadt zeige und erkläre, wo wir als Gardisten was zu tun haben. Von allen Sehenswürdigkeiten her, und das sind schon etliche, bis zu den Stellen, wo wir unsere Tätigkeit ausüben und auch zu den Freizeitmöglichkeiten. Wir haben viel zu tun und bis dahin werden auch deine Uniformen fertig."

Berni schaute zur Uhr und wandte sich an Richard: „Ich würde sagen, wir fangen mit der Vorführung jetzt schon an. Die Gardekantine und die kleine Cafeteria machen gleich auf. Es ist Zeit zum Abendessen."

„Das passt gut", freute sich Richard, „nach der Anreise habe ich einen Mordshunger."

Als man die sogenannte Kantine in dem unscheinbaren mittelalterlichen Nebengebäude betrat, staunte Richard nur. Die Inneneinrichtung des Restaurants war sicher von einem Architekten entworfen worden, der die alte Tradition mit dem modernen Komfort verbinden wollte.

Am Buffet stellte Richard für sich einen großen bunten Salatteller mit gebratenen Hähnchenbruststreifen zusammen.

Berni nickte zustimmend über die so gesunde Wahl von Richard und lachte dann ein bisschen später, als sich Richard als Nachspeise noch einen großen Maiskolben vom Grill holte.

Erst als sich Berni einen Schoppen Rotwein und Richard ein Glas Bier holten, kamen beide wieder so richtig ins Gespräch. Kein Außenstehender hätte geglaubt, dass sich die zwei erst vor ein paar Stunden kennengelernt hatten. Berni erzählte Richard amüsant einiges über das Leben hier in Vatikan als Gardist. Und Richard lobte die Kantine, die sich so langsam füllte. Einige Gardisten schauten auch neugierig zu dem Neuen, zu Richard hin.

Berni merkte es und drehte sich zu Richard: „Der Kommandant sagte, dass du bei dem morgigen Appell allen vorgestellt wirst."

Und nach dem nächsten Schluck Wein meinte Berni weiter: „Ich habe nun wochenlang nur mit meinem Schachcomputer gespielt. Mich reizt eine echte Schachpartie. Richard, was sagst du dazu?"

„Ich weiß nicht, ob meine Spielstärke deine Erwartungen erfüllt, denn Schachspiel ist ein Kampf. Man will kämpfen", meinte Richard schüchtern dazu, „und zu Hause muss ich ja auch noch anrufen."

„Also pack dein Handy aus. Wir treffen uns nachher in der Stube."

Richards Vater war leider persönlich nicht zu erreichen. So teilte ihm Junior auf der Mailbox nur kurz mit, dass er gut angekommen war.

Als sich wenig später Chiara meldete, bekam Richard kaum einen Ton heraus, seine Kehle war plötzlich ganz trocken. Doch dann wechselten sie einige netten Sätze. Notgedrungen mussten Worte mit ein bisschen Fantasie die heißen Küsschen ersetzen.

In der Stube bereitete Berni ungeduldig das Schachspiel vor. Die Figuren warteten auf die erste Berührung. Die Wahl der Figurenfarbe gewann Richard, so konnte er als Weißer anfangen. Richard wählte die Reti-Eröffnung mit dem Springerzug auf f3. Im Nu waren die beiden in das Spiel vertieft.

Berni war von der eigenwilligen Eröffnung leicht überrascht. Er spielte am Anfang auch ziemlich passiv, aber grundsolide. Das Zentrum hatte er nicht angegriffen, sondern sicher kontrolliert. Aus der Eröffnung kam es zu komplizierten Verwicklungen mit vielen Chancen für beide Spieler, aber auch genauso vielen Gefahren. Richard versuchte seine positionellen Vorteile der günstigeren Bauernstruktur durchzusetzen. Doch Berni verteidigte sich weiterhin hartnäckig und es war ihm gelungen, die drohende Gefahr abzuwehren. Alle weiteren Bemühungen beiderseits, einen Vorteil herauszuspielen, scheiterten am präzisen Spiel der beiden Akteure, die sich dann schließlich auf ein Remis einigten.

Berni reichte Richard die Hand und sah ihn freundlich an: „Du hast es mir nicht leicht gemacht. Schönen Gruß an deinen Vater. Er hat dir das Schachspiel verdammt gründlich beigebracht."

Danach lehnten sie sich zurück, jeder war in seine eigenen Gedanken versunken. Während Berni überlegte und meinte, dass in dieser Richtung in der Zukunft interessante Abende werden könnten, fürchtete Richard, dass ihm dann kaum Zeit für seine Hauptaufgabe in der Vatikanstadt übrigbleiben würde.

5. Richard-junior und Berni

Beim Frühappell erschien neben dem Kommandanten auch Kardinal Clements. Es war eigentlich eher eine Seltenheit, dass ein ganz hoher Kirchenvertreter daran teilnahm. Selbst der Kommandant wunderte sich.

Doch nach der offiziellen Vorstellung der neuen Rekruten wusste man gleich auch, warum der Kardinal diesmal da war.

Der Kardinal kam auf Richard zu und begrüßte ihn recht herzlich: „Sie sind also der Sohn von Professor Haunschild. Willkommen bei uns."

„Euere Eminenz ... ja", nickte Richard förmlich, mehr hatte er von lauter Aufregung über die überraschende Anrede nicht herausgebracht.

„Ihr Vater, den ich sehr hoch als meinen Freund schätze, hatte mir angedeutet, dass Sie kommen würden und auch was Sie so vorhaben. Sie wollen es dem Vater in der Astroarchäologie nachmachen."

„Es ist einer der faszinierendsten Bereiche der Wissenschaft", meinte Richard.

„Da haben Sie vollkommen recht, wir haben mit Ihrem Vater oft über die derzeitige Weltanschauung diskutiert und er gab mir einen weiten Einblick in die Geheimnisse des Universums. Sie finden nach der Rekrutenausbildung in unseren Bibliotheken genügend Material zum Studieren. Und dann ist hier auch noch das Geheimarchiv für die Ausnahmen. Sprechen Sie mich diesbezüglich bei Bedarf an. Da könnte ich Ihnen behilflich sein. Also, bis dann eine erfolgreiche Rekrutenausbildung."

„Vielen Dank, Eure Eminenz, sehr freundlich", bedankte sich Richard beeindruckt.

Die Unterhaltung der so ungleichen Gesprächspartner verlief unweit von Bernis Stellung. Der wollte zwar nicht lauschen, doch das

Gespräch machte ihn neugierig und nachher auch sehr nachdenklich.

Dementsprechend begrüßte Berni etwas später Richard auf der Stube: „Ich wusste gar nicht, dass wir unter uns nun so einen prominenten Rekruten haben."

In Kürze erklärte Richard dem leicht verdutzten Berni die Zusammenhänge. Dass sein Vater vor ein paar Monaten hier an der Päpstlichen Akademie der Wissenschaften an einem Seminar über die Astrobiologie teilgenommen und dabei seinen ehemaligen Schulfreund, den jetzigen Kardinal Clements getroffen hatte. Dass Vater in den Bibliotheken und dem Geheimarchiv viele interessante Schriften vorgefunden und ihn damit eigentlich erst inspiriert hatte, Schweizergardist zu werden und sich hier auf die Astroarchäologie vorzubereiten.

„Interessant, interessant", meinte Berni, „doch das sollte uns von unserem heutigen Programm nicht abhalten. Ich schlage vor, wir fangen am besten mit den Sehenswürdigkeiten an. Also, auf geht's vom Petersplatz in den Petersdom, bevor der Besucherandrang kommt."

So ließ Richard zum zweiten Mal in den letzten Tagen den Petersplatz und die Basilika auf sich wirken, diesmal mit einer detaillierten Erläuterung vom Berni.

Schon die Ausmaße des Petersplatzes mit den halbkreisförmigen Kolonnaden waren außergewöhnlich. Sie gingen an den beiden Brunnen, die Reinheit symbolisieren sollten, vorbei auf die Frontfassade des Petersdomes mit den heiligen Aposteln auf dem Dach zu. Die Dimensionen der größten Katholischen Kirche der Welt mit der gewaltigen Kuppel, die zum eigentlichen Wahrzeichen der Basilika wurde, waren beeindruckend. Ein echtes Monument für die Macht der Kirche. Innen in dem Dom stießen die beiden auf den Päpstlichen Hochaltar, der eine eindrucksvolle Bronzeskulptur darstellte.

Richard wollte bei diesen Führungen durch die Vatikanstadt mit Absicht ein weit übertriebenes Interesse an der Architektur, Innenausstattung, Gemälden und auch an anderen Kunstdarstellungen zeigen, was ihm später vielleicht zunutze sein könnte.

Doch spätestens in der Sixtinischen Kapelle musste er die Übertreibung nicht spielen. Da sah er sich nur vollkommen überwältigt um. Denn es war nicht nur eine Kapelle, in der die Wahl des Papstes stattfand, es war eine Kapelle für die echten Kunstliebhaber. An den Wänden bewunderte Richard die Bilder der alten florentinischen Meister mit faszinierenden Szenen aus dem Alten und dem Neuen Testament. Und an der bis zum Himmel hinaufragenden Decke schuf Michelangelo die einzigartigen Fresken aus der religiösen Schöpfungsgeschichte der Menschheit mit der berühmtesten Freske, „die Schaffung Adams".

Bei diesem Anblick musste Richard unvermittelt an Vaters damalige Aussage „einfach himmlisch" denken. Das war auch wortwörtlich der richtige Ausdruck. Es war so! Vor der Stirnseite mit Michelangelos Jüngsten Gericht stand Richard längere Zeit einfach nur hingerissen und stumm da. Doch das Bild zwang zum Nachdenken und so fragte sich Richard in Gedanken: „Wo komme ich später hin, nach oben in den Himmel, oder werde ich nach unten in die Hölle reingeworfen?"

Berni erwies sich als unterhaltsamer und ortskundiger Begleiter. Wie ein geschulter Vorführer zeigte er auf Details, die Richard gar nicht so wichtig erschienen sind, doch sie rundeten den Gesamteindruck über die Geschichte, Architektur und Kunstwerke ab.

Richard selbst hielt Ausschau nach ganz anderen Details wie die Überwachungskameras, Alarmanlagen und Lasergeräte. Einige Details von dieser Sorte waren ihm auch schon aufgefallen.

Die anfängliche Schatzsuchereuphorie sank bei ihm in diesen Bereichen von Vatikan fast auf den Nullpunkt. Wie würde er hier überhaupt etwas finden können? Und wo sollte er dann anfangen?

Abends fand Richard in der Handy-Mailbox eine kurze Nachricht vom Vater, der um Rückruf bat. So drückte Richard-junior die Anruftaste. Vater meldete sich fast umgehend und der Aussprache nach, redete er mit seiner Pfeife im Mund. Er teilte mit, dass bei ihm Kardinal Clements angerufen und über die Begegnung mit Junior, der auf ihn einen sehr guten Eindruck gemacht hatte, berichtete hatte.

„Vati, das freut mich. Ich war von dieser Begegnung, auf die ich nicht vorbereitet war, sehr beeindruckt."

„Du machst das schon, also weiter so!", verabschiedete sich Vater.

Anschließend versuchte Richard auch Chiara anzurufen, doch er konnte nur über den Anrufbeantworter eine kurze Nachricht aufsprechen: „Chiara, falls du zwischen deiner Vorbereitung auf die Zwischenprüfung noch ein bisschen Zeit findest, melde dich. Und am liebsten über Skype, denn ich möchte dich wenigstens am Bildschirm sehen."

In den folgenden Tagen führte Berni Richard durch die Vatikanischen Museen. Die mittelalterlichen Räume waren mit umfangreichen Sammlungen historischer Kunstschätze, von den antiken Hochkulturen über das Mittelalter zur Neuzeit, vollgestopft. Von den Statuen zu den Werken der christlichen Archäologie und der päpstlichen Antikensammlung wie Ikonen, Elfenbeinarbeiten und Goldschmiedekunst. Neu dazu war auch eine Sammlung zeitgenössischer religiöser Kunst und die eigene Pinakothek für die päpstliche Gemäldegalerie zu sehen.

Es war anstrengend für Richard, aber da musste er sich nun durchbeißen. Neue Erkenntnisse für seine eigene Aufgabe konnte er nicht finden. Bis jetzt konnten für ihn eigentlich nur die Sakristei und die Schatzkammer im Petersdom interessant sein. Leider gibt es dorthin keinen Zutritt. Da musste sich Richard was einfallen lassen. Nach den ersten Eindrücken meinte Richard, dass er in den Bereichen, die auch von der Öffentlichkeit stark besucht werden, nicht viel zu suchen brauche. Schon wesentlich mehr in dieser Hinsicht versprach er sich von den beiden Bibliotheken, die Morgen auf dem Programm stehen sollten.

Tatsächlich sah es am nächsten Tag in den Vatikanischen Bibliotheken schon anders aus.

Die Vatikanische Apostolische Bibliothek befand sich in dem Apostolischen Palast und war von der durch Gardisten bewachten Porte San Anna zugänglich. Sie stand nur ausgewiesenen Gelehrten zur Verfügung.

Nur die mächtigen, reich von einem Netz aus geometrischen Mustern und floralen Elementen verzierten Vierkantsäulen in der Mitte lockerten ein bisschen die Atmosphäre in dem endlos langen Raum. Die Säulen liefen architektonisch in eine leicht gewölbte, mit wunderschönen sakral anmutenden Fresken der mittelalterlichen Künstler bemalte Decke über. In den Bücherschränken und Regalen, die zum Teil in die mit edlem Holz vertäfelten Seitenwände integriert waren, warteten unermesslich wertvolle alte Schriften, Bücher und Tafeln, um über die gesamte Geschichte der Menschheit berichten zu können.

Gleich am Anfang der Bibliothek war es dem geübten Wachmann Berni nicht entgangen, dass Richard die angebrachte Überwachungskamera aufmerksam, aber doch so unauffällig wie nur möglich von beiden Seiten besichtigte. Berni blickte irritiert zu ihm, doch dann gingen sie ohne irgendeine Bemerkung weiter.

Bei dem Durchgang fiel Richard auf, dass er schon mehrmals in den Fernsehfilmen gesehen hatte, wie man ein Buch in dem Regal bewegt und plötzlich schwenkt die halbe Wand nach hinten. Damit öffnet sich der Weg in eine Geheimkammer. Das musste er später probieren, doch er fürchtete zugleich, dass sich da kaum was bewegen würde. So einfach würde es sicher nicht gehen.

Und dann war da auch noch das Geheimarchiv. Um die dunklen Geheimnisse des Archivs kreisen seit hunderten von Jahren viele Sagen und Mythen. Dort hinein waren nicht nur katholische Wissenschaftler aus den Forschungsinstituten zugelassen, sondern auch andere Interessenten, vorausgesetzt, sie hatten ein abgeschlossenes Universitätsstudium und eine Empfehlung durch eine universitäre Einrichtung.

In der Zwischenzeit war die Exerzieruniform für Richard angefertigt worden. Stolz begutachtete er seine Erscheinung in dem großen Spiegel im Gang.

Berni begrüßte Richard feierlich mit Handschlag: „Hallo, Herr Hellebardier!"

Richard rückte das Barett noch zurecht, lachte selbstbewusst und salutierte.

Für die Galauniform hatte Richard bis zu der Vereidigung noch Zeit genug.

Dann unterbrach Berni strikt die kleine Modeschau mit dem dienstlichen Hinweis, dass man an dem letzten Einführungstag, mit der Besichtigung der Außenanlagen immerhin noch viel zu tun habe. Das Areal sei voll von Einzelobjekten und groß genug. „Also los geht's!"

So gingen die beiden von dem Informationsbüro für die Pilger im Süden anschließend gleich langsam los. Sie schauten kurz in die Päpstliche Audienzhalle, hielten eine Gedenkminute am Friedhof und standen danach vor der strengen Architektur des Gerichtspalastes.

Unmittelbar daneben hatte es Richard die kleine Kirche Santo Stefano Abissini mit dem großen vergoldeten Kreuz auf der Dachspitze ziemlich angetan. Das schmiedeeiserne Tor quietschte beim Öffnen. Durch das viereckige Fenster, mit religiösen Motiven wunderschön bemalter Glasscheiben, wurde der ganze Innenraum der Kirche durch ein farbiges Licht durchflutet. Das elegante Dachstrebewerk über dem Kirchenschiff vollendete die eindrucksvolle Erscheinung.

Danach gelangten sie am Bahnhof vorbei, hinter der Zivilverwaltung des Vatikans in die wunderschöne, in dieser Jahreszeit gerade frisch aufblühende Päpstliche Parkanlage. Die Bäume und Sträucher protzten regelrecht in unzähligen grünen Farbtönen. Seitlich führte ein Pfad von Moos und anderen Kriechgewächsen überwuchert hinauf. Nun war es für sie bei dem milden italienischen Frühlingswetter eher ein erholsamer Spaziergang im Grünen, vorbei an dem Adlerbrunnen zu der Bronzestatue von Petrus.

Vor der berühmten Päpstlichen Akademie der Wissenschaften blieb Richard kurz stehen. Er erinnerte sich, dass sein Vater unlängst gerade diese Akademie besucht und ihn damit eigentlich erst so richtig inspiriert hatte, hierher zu kommen.

Bei dem Sakramentsbrunnen und dem Turm der Winde im Norden beendete Berni den heutigen Pflichtausflug in einen Bereich des Vatikans, wo rein äußerlich die Zeit fast stehen geblieben war.

Richard musste sich einprägen, dass er später mal den tiefen Adlerbrunnen näher inspizieren sollte. Denn ihm schien, als wäre da etwa ein Meter unterhalb der Oberfläche in der fast kreisförmigen Wand eine seitliche Öffnung.

Als Richard später die Besichtigungen in den vergangenen Tagen noch einmal an ihm vorüberziehen ließ, glaubte er nicht, dass irgendein Objekt aus dem Außenbereich für seine Untersuchung näher in Frage käme. Die kleine Kirche Santo Stefano wollte er sich bei einer weiteren Gelegenheit auch noch genauer anschauen.

Seiner Einschätzung nach meinte Richard zusammenfassend, dass der Schwerpunkt für seine späteren Aktivitäten in den Vatikanischen Bibliotheken, Museen und in dem Archiv liegen müsse. Das Vorhaben schien ihm nach der ersten Besichtigung schwer genug, doch umso reizvoller.

Aber vorerst wartete auf ihn schon morgen die Rekrutenausbildung.

Inmitten dieser Überlegungen kam Berni auf Richard zu: „Du, Richard, mit dem heutigen Rundgang habe ich meine Aufgabe, dir die Vatikan-Stadt mit allen ihren Sehenswürdigkeiten und Orten deiner zukünftigen Tätigkeit näher zu bringen, erfüllt. Ich hoffe, dass du nun in groben Zügen Übersicht bekamst, wo du dich befindest. Ab morgen habe ich wieder Wachdienst und du gehst auf den Übungsplatz. Unsere freien Stunden werden sich somit überschneiden. Was meinst du, sollten wir den heutigen Abend nach dem Abendessen mit einer weiteren Schachpartie ausklingen lassen?"

Diesmal konnte Berni mit einem weißen Bauer das Schachspiel einleiten. Er zog ihn auf e4. Richard zog mit dem Springer auf f6 und nach weiteren theoretischen Zügen entstand die typische Stellung einer Königsindischen Verteidigung.

Doch Richard gelang es am Anfang der Partie nur sehr schwer, seine Gedanken voll auf das Schachspiel zu konzentrieren. Ihm unterliefen einige Ungenauigkeiten im Aufbau seiner Verteidigung, die Berni zwar überraschten, aber die er auch rigoros ausnutzte und Richard damit dauernd unter Druck setzte.

„Konzentriere dich!", ermahnte sich Richard schließlich und vertiefte sich in die Partie. Aber es war wie verhext, seine Untersuchungen kamen stets zu demselben unerfreulichen Punkt zurück, er würde einen Bauern verlieren. Richard suchte verzweifelt nach einer passenden Erwiderung. Anscheinend gab es keine. Oder doch? Doch!

Der arme Bauer war nicht mehr zu retten, aber vielleicht könnte man die gesprengte Bauernkette ausnutzen, um der Dame freien Auslauf zu einem Gegenangriff, unterstützt durch die leichten Figuren, zu verschaffen.

Dieser Zug zwang Berni erstmals so richtig zum Nachdenken.

Auch die nächsten scharfen Angriffszüge von Richard sorgten für weitere Verwicklungen. Nun gefiel Richard seine Stellung schon wesentlich besser. Er besaß positionelle Vorteile, die er für den materiellen Ausgleich auch ausnutzen konnte.

Das erkannte auch Berni, nickte anerkennend und teilte dem Richard ein Remis Angebot mit, dass dieser gleich dankbar annahm.

Gleich danach kam Bernis Beurteilung des Spiels: „Beinahe wollte ich schon den ersten Sieg in unseren Begegnungen feiern, doch dein starker Gegenangriff durchkreuzte mein Vorhaben. Es war eine meisterhafte Kombination aus der Defensive heraus. Alle Achtung, gratuliere!"

Während Richard noch über seine Konzentrationsschwäche am Anfang der Schachpartie nachdachte, setzte Berni die Bewertung des Spiels fort: „Dein Gegenangriff war wirklich meisterhaft, ich kann es beurteilen. Ich habe es dir damals, vor der ersten Partie verschwiegen, um dich nicht verunsichern. Ich habe früher in der Schweiz in der Kantonliga gespielt. Und du hast mit deinem Vater in der Zeit schon stark trainiert. Der Professor könnte auch gut in einer bayerischen Schachliga spielen."

„Dazu hätte er gar keine Zeit gehabt. Da ist er mit seinen Sternen und den Außerirdischen viel zu beschäftigt. Er könnte höchstens untersuchen, ob die Außerirdischen auch Schach spielten. Für ihn ist Schachspiel eigentlich nur eine Ablenkung, ein Relaxans von seiner anstrengenden Arbeit. Demnächst fliegt mein Vater für ein paar Wochen als einer der Astroexperten nach Chile. In der Atacama-Wüste auf dem über 3000 Meter hohen Armazones-Berg wird das größte optische Teleskop der Welt errichtet. Das ermöglicht einen noch tieferen Blick ins Universum", erklärte Richard.

„Du hast mit deinem Vater ein faszinierendes Hobby", nickte Berni fast neidisch dazu.

„Ja, ich hoffe nur, dass mein Vater zu der Rekrutenvereidigung rechtzeitig aus Übersee wieder zurückkommt. Er wollte auch meine Freundin Chiara mitnehmen. Siehst du, mit der wollte ich mich über Skype unterhalten. Ich muss es gleich probieren."

Die Verbindung klappte auf Anhieb, doch auch diesmal brachten sie am Anfang kaum ein Wort heraus. Sie schauten sich nur stumm an, aber der Blickkontakt sagte alles, die unendliche Sehnsucht.

„Schön, dich zu sehen, Chiara, gut siehst du aus", unterbrach Richard die Stille.

„Ich freue mich auch und hoffe, dass die Vereidigung schon bald stattfindet, denn die Feierlichkeiten möchte ich unbedingt miterleben. Ich warte schon darauf, dich in der bunten Uniform mit dem blanken Brustpanzer und Helm zu sehen", meinte Chiara dazu.

„Dann zerdrücke ich dich!"

Dazu lachte die Chiara spitzbübisch: „Da musst du aber höllisch aufpassen, nicht dass ich dir dann zwei Dellen in dein Blechkorsett reindrücke!"

Chiaras Lachen wurde unterbrochen und Richard legte enttäuscht seinen Apparat wieder zur Seite, nachdem er vergeblich versucht hatte, die Verbindung wiederherzustellen. Es knackte nur in der Leitung, überlagert von elektrostatischem Knistern, und das Display blieb dunkel.

6. Rekrutenausbildung

Die ersten paar Tage mit Bernis dienstlicher und in weiten Teilen auch freundschaftlicher Unterstützung hatte Richard dringend gebraucht, um sich wenigstens einigermaßen akklimatisieren und orientieren zu können in der so unwirklich scheinenden mittelalterlichen Welt.

Doch ab heute würde es ernst werden, da begann die Rekrutenausbildung. Gleich nach dem Frühappell wurden die Neuen in einen Ausbildungsraum geführt. Es wurde ihnen Punkt für Punkt vom Kommandanten in einem Befehlston erklärt, was sie in den nächsten Wochen würden erlernen und ausüben müssen.

Die Aufgabe der Schweizergarde ist im Grunde nicht militärischer Natur, doch die historische Uniform soll einen gut ausgebildeten jungen Mann zieren. Aufgrund der wachsenden Anforderungen erhalten die neuen Rekruten eine intensive Ausbildung. Sie werden auf spezifische militärische und Wachaufgaben entsprechend ihrem Wahlspruch „immer tapfer und treu" vorbereitet.

Gemäß dem Reglement ist die Hauptaufgabe der Schweizergarde stets über die Sicherheit des Papstes zu wachen. Die Garde versieht Ehrendienste bei Papstaudienzen und Besuchen sowie Sicherheitsdienste bei Kontrollen und Wachdienste. Die kurze Zusammenfassung des Kommandanten, die gleichzeitig als eine Begrüßung diente, wurde von den Rekruten mit hohem Respekt aufgenommen.

Dann übernahm die weitere Erklärung der Feldwebel. Auch in der ziemlich weiten Uniform konnte man die athletische Gestalt des etwa vierzigjährigen Schweizers erahnen. Er sprach deutsch mit dem unverkennbaren Schweizer Akzent. So stellte er sich auch gleich schweizerisch und leicht schmunzelnd als Feldweibel vor. Es war schon erstaunlich, wie fachmännisch exakt der Feldwebel die Ausbildung der Rekruten in eine Reihe von klar umrissenen

Bereichen zerlegte und mit einer professionellen Sachlichkeit für jeden Bereich auch gleich die richtige Lösung vorgab. Die Schwerpunkte während dieser anstrengenden Ausbildung lagen hauptsächlich beim Exerzieren, aber auch beim Unterricht in der Psychologie und bei einem Italienisch-Sprachkurs.

Zum Exerzieren gehört der Umgang mit der Hellebarde und den diversen leichten Feuerwaffen, wobei die Schießausbildung in Zusammenarbeit mit der Tessiner Polizei durchgeführt wurde. Weiter gehört dazu der Selbstverteidigungskurs im Nahkampf, mit dem Erlernen der Fesselungs- und Festhaltetechniken. Und selbstverständlich auch das Grüßen und das Marschieren.

Damit wollten sie draußen auf dem großen Übungsplatz gleich auch anfangen. So brüllte wenig später der Feldwebel: „In Zweierreihen antreten! Rechts um! Im Gleichschritt Marsch!", in einem Ton, der ziemlich gut auf den Kasernenhof passte.

Es kamen sehr anstrengende Tage und Wochen vollgestopft mit diversen Übungen und Lehrgängen auf den armen Richard zu. Da war dann am Abend an das Schachspiel gar nicht zu denken.

Doch auch hier erwies sich Berni mit guten Ratschlägen zu den jeweils durchführenden Etappen der Rekrutenausbildung als ein wahrer Freund. Berni kannte sich im zweiten Jahr seiner Tätigkeit in Vatikanstadt gut aus und seine Tipps setzte Richard stets sinnvoll um. So war es auch Berni zu verdanken, dass sich Richard erstaunlich schnell an das Leben in der Vatikanstadt anpassen konnte. Bernis Hilfe sprengte weit den dienstlichen Rahmen. Man spürte förmlich eine aufkeimende Männerfreundschaft.

Allerdings kam Richard an seine Hauptaufgabe in Vatikan derzeit kaum heran. So freute er sich auf das bevorstehende freie Wochenende, denn er wollte in dieser Richtung weiterkommen. Er musste etwas unternehmen, um dem Vater, wenn der zur Vereidigung kommen sollte, auch was Positives berichten zu können.

Richard hatte sich vorgenommen, die kleine Kirche Santo Stefano Abissini, die ihm vor ein paar Tagen so gut gefallen hatte, näher zu inspizieren. Die Kirche strahlte eine sakrale Ruhe aus. Das schmiedeeiserne Tor quietschte immer noch, als er den aus schwerer Bronze gearbeiteten Türöffner betätigte. Auch der Altar war wieder wunderschön von durch das Fenster über dem Eingang anfallende Sonnenstrahlen beleuchtet, als er in die Kirche eintrat.

Ehe sich Richard so richtig umschauen konnte, wurde er von einem älteren Messdiener, der sich aus der Sakristei vorschleppte, überrascht. Der kleine korpulente Ministrant machte durch seine Schwerfälligkeit einen Eindruck, als wenn er sich von dem Messwein ein bisschen mehr bediente. Auch die Sprache kam ihm schwer über die Lippen, aber als er feststellte, dass ihm Richard auf Italienisch nicht ganz folgen konnte, schwenkte er auf Schweizerisch-deutsch um. Da die Kirche nicht zu den allgemeinen Besucherobjekten gehörte, war er froh, dass er sich mit jemandem wieder mal unterhalten konnte. Wobei unterhalten eigentlich bei seinem gebrochenen Monolog völlig übertrieben war.

Der Messdiener musterte Richard nur kurz und meinte, dass wieder einer hereingekommen sei, der nach Schätzen suchte. Dabei lag er diesmal bei Richard eigentlich gar nicht so falsch. Das inspirierte den Messdiener wahrscheinlich, denn seine gleichgültige Miene erhellte sich und sein breites Gesicht grinste angeberisch, als er den Besucher ansah.

Die weiteren Sätze erweckten dann bei Richard die ganze Aufmerksamkeit, denn der Messdiener meinte ehrlich und voller Stolz, dass er über die wahren Schätze vieles erzählen könnte.

Doch bevor er dazu kam, holte er sich aus der Sakristei ein weiteres Glas Wein und somit brauchte ihn Richard gar nicht mehr animieren, um seine Schatzgeschichte weiter zu erzählen.

Der Messdiener hatte sich früher ziemlich intensiv für die Astronomie interessiert, war oft in der Vatikanischen Apostolischen

Bibliothek gewesen und war auf dieser Grundlage über die Sterne mit einem mittlerweile verstorbenen Bischof näher zusammengekommen.

Dann verdeutlichte der Messdiener noch: „Ja, und auch durch den guten Wein, kamen wir uns mit dem Bischof näher. Einmal, das müsste nun schon vor gut drei oder sogar vier Jahren gewesen sein, nahm er mich, nach reichlichem Weingenuss, mit. Er wollte mir unbedingt was zeigen. Nachdem er kurz verschwand, gab es einen leichten Knall und plötzlich fand ich mich in einem Raum unter Kerzenlicht. Wir waren in der sagenumwobenen Geheimkammer, aber wie wir da reingekommen sind und wo es eigentlich war, daran kann ich mich nicht erinnern. Ich war wie in Trance und die Gänge waren voll von Nebelschwaden. Der Raum ähnelte einem großen Weinkeller mit einem rustikalen Deckengewölbe, das mit gekreuzten Balken gehalten wurde. Da waren Bücher über Bücher, Unmengen von Schriften, Schriftrollen und Tontafeln überall verstreut. Ja, sogar zahlreiche Skulpturen und eine Vielzahl merkwürdiger archäologischer Artefakte lagen am Boden. Dabei konnte das schwache Kerzenlicht gerade nur ein Teil des Raumes ein bisschen beleuchten. Ich staunte nur, wie so viele Geheimsachen, so viele Artefakte dort versteckt sein konnten. Fantastisch. Dann tauchte der Bischof aus der Dunkelheit, hinter den Sarkophagen, mit einer kleinen Tontafel auf und deutete auf das abgebildete Sternbild auf der Tafel hin. Er nannte das Sternbild auch so irgendwie fremdsprachig und redete dabei über irgendwelche Lichtjahre und eine Explosion, aber ich habe leider nichts davon verstanden, ich war wie in einem Rausch. Ich konnte damals die Fantasiebilder von den Tatsachen gar nicht auseinanderhalten. Doch als ich mich später wieder damit befasste, kam ich zu der Überzeugung, dass das Sternbild sicher eine enge Verbindung zu unserem Planetensystem und damit auch zu unserer Erde haben musste."

Der Messdiener nahm genüsslich einen tiefen Schluck von dem Messwein zu sich und erzählte mühsam weiter: „Aber auch in dem damaligen Zustand meinte ich, dass ich das Sternbild schon mal gesehen habe. Wenig später pustete der Bischof das Kerzenlicht aus und schleppte mich unsanft durch ein Labyrinth von Gängen und über eine Menge Treppen rauf und runter, bis ich in die dunkle Nacht hinausstolperte. Da stand ich plötzlich wieder vor meiner Kirche. Mir schien es, als wenn ich mich ständig nur im Kreis gedreht hätte."

„Wissen Sie denn wirklich nicht, wo Sie sich damals mit dem Bischof befanden?", fragte Richard eindringlich und konnte dabei seine steigende Neugier kaum verbergen und unterdrücken.

„Leider nicht. Ich habe später vielmals nach dem vermuteten Weg geschaut, und zwar nüchtern und auch leicht angeheitert, wie damals. Ich habe etliche Räume durchsucht, überall gab es Treppen, über die ich mich rauf und runter schleppen musste, aber ich fand keinen Anhaltspunkt mehr. Nicht einmal annähernd. Auch über das Sternbild habe ich mir Gedanken gemacht, ich habe mir nachher alle möglichen Sternbilder im Atlas angesehen, doch keines der Bilder entsprach der Konstellation, die in meinem berauschten Hinterkopf gespeichert blieb. Am nächsten kam noch das Sternbild der Cassiopeia in die Auswahl, wenn man die vereinfachten Schemata der Sternbilder so betrachtet. Aber sicher bin ich mir nicht. Ja, und der Bischof wich später bei jeder Nachfrage stets nur aus. Er kam auch nicht mehr zum Weintrinken. Wahrscheinlich hatte er große Angst, denn das, was er mit mir damals unternommen, was er mir gezeigt hatte, war sicherlich nicht erlaubt. Der Bischof meinte sogar dazu, dass ich mir alles nur im Suff eingebildet hatte. Aber das war mit Sicherheit nicht so. Das alles habe ich zwar benebelt, aber wirklich echt erlebt."

Der Messdiener überlegte noch kurz, dann zuckte er hilflos mit den Achseln und ergänzte mit einer ausdruckslosen Stimme: „Nun nahm leider der liebe Bischof sein Geheimnis mit ins Grab."

„Schade", meinte Richard leicht enttäuscht und verabschiedete sich mit der ziemlich vagen Zusage, dass er schon wegen der Astronomie sicher mal wiederkommen werde. Denn Richard konnte den Eindruck nicht loswerden, dass ihm der Messdiener irgendwas noch verschwiegen hatte. Was wollte er nicht preisgeben? Vielleicht würde Richard bei seinem nächsten Besuch eine Flasche von einem guten Wein mitbringen und so dem Messdiener zum Weiterreden nachhelfen.

Doch insgesamt quittierte Richard die Aussage des Messdieners, auch wenn dessen Erlebnis unter starkem Alkoholeinfluss zustande kam, sehr positiv. Denn solche Einzelheiten, wie zum Beispiel über das Sternbild, die er erzählt hatte, die kann man sich im Rausch nicht zusammendichten.

Das war doch die erste Bestätigung, dass so eine Geheimkammer hier wirklich existierte.

Berni, der etwa zur gleichen Zeit die Wache in der päpstlichen Audienzhalle schob, musste kurzfristig einige Dokumente in den Gerichtspalast bringen. Der Weg führte ihn gerade an der Kirche Santo Stefano Abissini vorbei. Auf dem Rückweg sah er dort Richard noch am Tor zu der Kirche, wie er sich von dem Messdiener, der wie immer in einer langen schwarzen Kutte mit der tief ins Gesicht gezogenen Kapuze gekleidet war, verabschiedete. Der Messdiener, dem man das Alter nicht anmerkte, war auch Berni gut bekannt als ein fast weltfremder, herumstreunender Priester, dem auch ein ziemlich hoher Konsum vom Messwein nachgesagt wurde. Allerdings gab dem Messdiener erst die eigenartig schleichende Bewegung die unverwechselbare Erscheinung.

Berni blieb schon überrascht kurz stehen und dachte darüber nach, was Richard in der kleinen Kirche eigentlich wollte. Doch auf der Stube sprach er diesbezüglich ihn nicht an.

In den folgenden und ziemlich anstrengenden Wochen der Rekrutenausbildung war Richard von der Gründlichkeit und der Härte der militärischen Vorbereitung sehr beeindruckt. Die Gardisten schoben nicht nur Wachdienst und Repräsentation, die hätte man beim Bedarf auch in einem ernsthaften Konflikt einsetzen können.

Besonders die Schießübungen mit den modernsten Feuerwaffen, die man unter der Führung der Tessiner Polizei durchführte, überzeugten Richard vollkommen. Insbesondere lobte er die Handhabung mit dem Schweizer Sturmgewehr und den Maschinenpistolen. Doch im Stillen dachte er darüber nach, dass solche Waffen am liebsten nie zum Einsatz kommen sollten.

Am Anfang der Ausbildung mit der Hellebarde meinte Richard im übertragenen Sinne, dass er im Kino sitzt und gerade läuft ein Film mit einer romantischen mittelalterlichen Geschichte. Doch die Übungen und der Umgang mit der alten Waffe waren nicht zu unterschätzen. Es war anspruchsvoll und es forderte die volle Konzentration bei der präzisen Handhabung und den Drehungen, um sich damit gegen einen Angreifer zu verteidigen und es war noch schwerer, selbst in den Angriff überzugehen. Allerdings war in der alltäglichen Realität, im Wachdienst, die Hellebarde eher nur eine schöne Zierde zu den nostalgischen Uniformen.

Die Nahkampfübungen führte der nur so vor Kraft strotzende Feldwebel durch. Es war schon erstaunlich, wie flink und durchtrainiert sich der leicht korpulente Mann bei der Vorführung bewegte. Das bekam auch Richard zu spüren, als er sich gegen den Angriff des Feldwebels wehren sollte. Denn ein eingeübter Seitenhieb des Soldaten kam für Richard, trotz heftiger Gegenwehr, schnell und ziemlich überraschend und so landete der Lehrling unsanft auf dem harten Boden. Trotzdem lobte ihn der Feldwebel nach der Übung noch: „Du bist im Nahkampf gar nicht so schlecht!"

Mit Marschieren fing die Rekrutenausbildung an und mit den

gleichen Übungen im Verband und alleine, als Vorbereitung zu der Vereidigung, endete sie nun. So schallte auch noch ein paar Tage vor der eigentlichen Vereidigung über den Petersplatz Feldwebels raue, dem Gewittergrollen ähnliche Stimme wieder: „Antreten! Im Gleichschritt marsch!"

Es war eine harte Zeit für Richard auch wenn er an den Drill des Militärdienstes von zu Hause schon so ein bisschen gewöhnt war.

In dieser Zeit kam er in seinem eigenen Vorhaben kaum voran. Vielleicht nur abgesehen von dem fraglichen Gespräch, das er mit dem Messdiener von der kleinen Kirche geführt hatte.

Ein paar Mal war Richard auch in der Apostolischen Bibliothek, aber eher nur, um sich eine Übersicht zu verschaffen, was dort angeboten wird und die Sicherheitsvorkehrungen zu überprüfen. Man musste immer die ausgeliehenen Schriften aufschreiben, auch wenn man diese im Raum angesehen hatte. So hatte sich der Bibliothekar leicht gewundert, als sich Richard die uralten Baupläne der Apostolischen Bibliothek anschauen wollte. Doch Richard fiel auf, dass die Deckenwölbung an den Seitenwänden wie abgewürgt verlief. Da konnten sich noch freie Räume verbergen. Notizen konnte er sich nicht anfertigen, er musste sich alles genau einprägen, um es später auf der Stube aufzuschreiben.

Gerade als Richard die Baupläne studierte, gesellte sich rein zufällig auch Berni zu ihm. So hatte Richard alle Mühe mit seiner Erklärung über die einzigartige architektonische Besonderheit des langen Raumes der Bibliothek. Richard wollte wissen, wie das die alten Baumeister damals bewerkstelligt hatten, denn man ging an die Grenzen des bautechnisch Machbaren.

Berni nickte, doch er blieb nachdenklich und in seinem Kopf summierten sich langsam all die Auffälligkeiten von Richard aus der letzten Zeit.

7. Vereidigung der Rekruten

Dass Richards Vater noch pünktlich zu der Vereidigung seines Sohnes erschien, grenzte an einer logistischen Glanzleistung von ihm. Er flog auch von Chile direkt nach Rom. Seine Maschine landete auf dem Fiumicino-Flughafen Leonardo da Vinci etwa eine halbe Stunde später als das Flugzeug aus München mit Chiara. Die beiden trafen sich in der Cafeteria der Abfertigungshalle und hatten genau noch zwei Stunden Zeit bis zum Anfang der feierlichen Zeremonie in Vatikan.

Richard konnten sie telefonisch leider nicht erreichen. Auf dem Handy-Display erschien bei Richard nur eine kurze Nachricht: „Wir sind schon in Rom gelandet. Also bis bald! V + Ch."

Trotzdem mussten sie sich die beiden beeilen, denn der Transfer vom Flughafen zur Vatikanstadt und das Einchecken in dem, dem Vatikan nahe liegenden Hotel, in dem Chiara die Zimmer noch von zu Hause per Internet reserviert hatte, nahm noch genug Zeit in Anspruch.

Doch es ging reibungslos und Chiara konnte noch eine Weile die wunderschöne Kolonnade des Petersplatzes und im Hintergrund auch noch den Petersdom mit der gewaltigen Kuppel staunend bewundern.

Gerade als Chiara und Richards Vater in dem Damasushof unter den Vertretern aus Politik, Kirche, Militär und zwischen den Angehörigen der neuen Rekruten Platz nahmen, ertönte schon die Vatikanische Nationalhymne „Inno e Marcia Pontificale".

Die anschließende historische Garden-Fanfare leitete den Beginn der eindrucksvollen Feier stilvoll ein. Die letzten Töne der Fanfare wechselten in eine Marschmusik des eigenen Musikkorps der Garde und dann erschienen schon im Paradeschritt und in der farbenprächtigen Galauniform die neuen Rekruten. Eine bis ins letzte Detail exakt eingeübte Darbietung.

Eine hohe Welle der Bewunderung und Anerkennung durchzog die anwesenden Zuschauer.

Da kam schon der Kaplan der Garde zu Wort. Er erklärte kurz, warum gerade der 6. Mai der Tag sei, an dem die neuen Rekruten ihren feierlichen Eid leisten. Dieser Tag wurde als Jahrestag zum Gedenken an das historische Ereignis der Plünderung von Rom im Jahre 1506 gewählt. Die Schweizergarde leistete damals einen verzweifelten, doch heldenhaften Widerstand.

Der Kaplan schwieg einen Augenblick, um seinen Worten einen entsprechenden Nachdruck zu verleihen. Nachher beschrieb er zusammenfassend die ruhmreiche Geschichte der Schweizergarde, die schon seit über 500 Jahren in Diensten des Papstes steht und ihn uneingeschränkt schützt. Dann kam er zu der eigentlichen Vereidigung und las den Eid langsam und deutlich vor: „Ich schwöre, treu und ehrenhaft dem regierenden Papst zu dienen und mich mit der ganzen Kraft für ihn einzusetzen. Ich übernehme dieselbe Verpflichtung für das Kollegium der Kardinäle und verspreche dem Herrn Kommandanten und meinen Vorgesetzten Achtung, Treue und Gehorsam. Ich schwöre, all das zu beachten, was die Ehre meines Standes von mir verlangt."

Danach gingen die Rekruten einzeln zur Fahne der Garde vor, umfassten mit der linken Hand die Fahnenstange und schworen mit der erhobenen rechten Hand, bei der drei Finger gespreizt waren.

Da wunderte sich Chiara und schaute fragend zu Richards Vater hin. Der versuchte es ihr ganz leise zu erklären: „Das symbolisiert die Trinität."

Doch damit konnte Chiara immer noch nichts anfangen, deswegen verdeutlichte es Richards Vater weiter: „Das ist die Dreifaltigkeit. Also, wenn du abends Vaterunser betest, sagst du auch immer im Namen des Vaters, des Sohnes und des Heiligen Geistes …" Dann zeigte er voller Stolz hin: „Schau jetzt ist unser Richard an der Reihe, er kommt zu der Gardefahne, schick sieht er aus in der Galauniform mit dem Brustpanzer und dem blanken Helm mit der Rotfeder."

Da kam auch Chiaras Kamera fleißig zum Einsatz, um diese Momente zu verewigen.

Richard-juniors Stimme klang klar: „Ich, Hellebardier Richard Haunschild, schwöre, alles das, was mir soeben vorgelesen wurde, gewissenhaft und treu zu halten, so wahr mir Gott und unsere heiligen Patrone helfen."

Nun kam überraschend eine weitere religiöse Erklärung für Chiara und diesmal auch für Richards Vater, allerdings nun von Kardinal Stephan Clements persönlich, der sich leise von hinten zu ihnen gesellt hatte: „Die drei Schutzheiligen der Schweizergarde sind St. Martin, St. Sebastian und der heilige Niklaus."

Als die letzten Rekruten vereidigt waren und die Töne der Schlussfanfare verstummten, stellte Richard-senior Chiara der Eminenz vor.

Der Kardinal freute sich, nun auch die Freundin von Richard-junior kennengelernt zu haben. Anschließend umarmte der Kardinal bei der Begrüßung auch seinen besten Freund, Richard-senior: „Alter Junge! Ich hoffte, dass du kommen würdest. Schön, dass es dir das doch gelungen ist und noch schönere Überraschung hast du gleich auch mitgebracht. Und was deinen Sohn, den ich mittlerweile auch schon persönlich kennengelernt habe betrifft, der macht es hier ausgezeichnet, der schafft das."

Da kam schon der neue Schweizergardist in die Gästeloge gestürmt. Auf der letzten Treppenstufe flog ihm Chiara entgegen. Sie musste bei dem zärtlichen Begrüßungskuss nur auf den spitzigen Helm aufpassen. Die Welt um die beiden herum ging unter.

So brachte Chiara mit ihrer Spontanität auch die Begrüßungsreihenfolge arg durcheinander. Doch der Kardinal nickte wohlwollend: „Die Jugend!" Anschließend begrüßte er den Junior als den neuen Schweizergardisten und wünschte ihm viel Erfolg bei der Erfüllung seiner anspruchsvollen Aufgaben in Diensten des Papstes und Vatikans. Nach kurzem Nachdenken ergänzte er noch: „Und auch im Studium der Astronomie."

Endlich kam auch der Vater an die Reihe, umarmte seinen Sohn fest und flüsterte: „Deine Mama wäre sicher stolz auf dich!"

„Ja, ich hoffe, dass sie von oben zuschaut. Aber warum nur Mama?"

„Ich bin selbstverständlich genauso stolz, mein Junge", versicherte ihm sein Vater und klopfte dem Junior mehrmals auf die gepanzerte Schulter.

Als der Kardinal nachher beim Gespräch erfuhr, in welchem Hotel Chiara und Richard-senior untergebracht waren, entschied er sich ganz spontan: „Das Hotel kenne ich ganz gut und die Küche ist ausgezeichnet. Ihr seid heute Abend meine Gäste. Und der neue Gardist bekommt für den Abend auch gleich seine erste Amtshandlung als mein Begleiter zu dem Dinner zugeteilt. Ich werde das noch mit dem Kommandanten klären."

„Danke, Stephan, das schätzen wir sehr. Wir beiden haben vieles zu besprechen. Ich hatte heute einen langen Flug, ich komme direkt aus Chile, dort war es enorm interessant." Und schmunzelnd ergänzte er: „Ich glaube auch, dass die jungen Leute es mit uns sowieso nicht lange aushalten werden, die haben sich auch viel zu erzählen."

Damit brachte er ungewollt Chiara leicht in Verlegenheit und die betonte Anspielung ließ ihre Wangen erröten. Doch es war so.

Später auf der Stube begrüßte Berni Richard als den neuen Schweizergardisten recht herzlich und fügte anerkennend hinzu: „Von Weitem habe ich dich mit deiner Freundin gesehen. Ich muss schon ehrlich sagen, sie ist ein hübsches Mädchen."

Und nachdem Berni dann über die Einladung vom Kardinal und

dem Ausgang von Richard erfuhr, stichelte er amüsiert weiter: „Zieh deine Galauniform aus, sonst wartet deine Freundin nachher zu lange. Das ist ja ein echtes Zeremoniell, bis du das ganze Blechkorsett loswirst."

Dafür verdiente sich Berni von Richard einen Klaps auf die Schulter. Doch auch diese, schon ziemlich persönliche Bemerkung von Berni deutete auf das gute Verhältnis zwischen den beiden, nicht nur beim Schachspiel, hin. Da war die anfängliche kühle Distanziertheit gewichen und eine echte Männerfreundschaft aufgekeimt.

Kardinal Stephan erwies sich als ein hervorragender Gastgeber. Das Menü, das er nach Rücksprache mit seinen Gästen zusammengestellt hatte, war erlesen und schmeckte allen ausgezeichnet. Zwischen den einzelnen Gängen entwickelte sich dann eine lebhafte freundschaftliche Unterhaltung. Ein sehr dickes Lob bekam Chiara für die bestandene Zwischenprüfung an der Medizinischen Fakultät und auch Richard-junior als neuer Schweizergardist wurde gefeiert.

Für die Nachspeise fand Chiara zwar keine Mandelhörnchen, doch die glasierten Mandelsplitter, vom Chefkoch kreiert, schmeckten ihr genauso gut.

Dafür blieben die Männer bei dem besten italienischen Espresso.

Als dann Kardinal Stephan merkte, dass Richard-senior seine Pfeife suchte, schlug er allen vor, in den Salon mit dem offenen Kamin rüberzugehen. Dort sei das Rauchen erlaubt und den ausgezeichneten Rotwein aus Südtirol könne man dort auch genießen.

Das gesamte Ambiente des Salons, der eher einem Wintergarten mit diversen exotischen Gewächsen in Marmorschalen und offenem Kamin ähnelte, strahlte pure Gemütlichkeit aus. Die Flammen in dem Kamin sorgten für eine fast intime Beleuchtung des Raumes und die dezente Musik im Hintergrund führte zu einem romantischen Ausklang des außergewöhnlichen Tages.

Nun endlich zog der Professor seine Pfeife heraus, stopfte sie mit feinem Tabak und bald schmauchte er genussvoll und entspannt in der Runde.

Chiara ließ sich in den Ledersessel fallen, ihre schlanken Beine übereinandergeschlagen. Ihr Blick war plötzlich direkt auf das Feuer in dem nostalgischen Kamin gerichtet. Das blonde Haar, das ihr Gesicht umrahmte, glänzte rötlich und die blauen Augen funkelten. Richard-junior legte seine Hand auf ihren Arm, er konnte sich selbst auch nicht von dem bunten Flammenspiel im Kamin lösen. Erst als er sich nach einer Weile Chiara zuwandte, sah er, dass sich in ihren Augen nicht nur die flackernden Flammen, sondern auch Freude und Glückseligkeit widerspiegelten.

Der Kardinal schenkte aus der frisch servierten Weinkaraffe allen nach und nahm selbst einen tiefen Schluck zu sich. Sein Beispiel war ansteckend.

Doch die jungen Leute verabschiedeten sich dann bald, gleich nach dem ersten Gläschen Wein. Chiara wollte Richard noch die Bilder von der Münchner Abschiedsparty zeigen.

Die beiden älteren Freunde quittierten es zwar schmunzelnd, aber der Kardinal wandte sich dann wieder ernst an Richard-junior: „Übrigens, der Kommandant hat für Sie ausnahmsweise einen Ausgang bis morgen früh genehmigt und auch morgen Vormittag sind Sie dazu abkommandiert, Ihrer Freundin und Ihrem Vater die Sehenswürdigkeiten des Vatikans zu zeigen."

„Das Einchecken übernehme ich", meinte Vater scherzhaft weiter. „Für mich wurde schließlich ein Doppelzimmer gebucht. Da passt eigentlich alles, bis auf das, dass wir mit Chiara leider schon morgen Nachmittag zurück nach München fliegen müssen."

Das wurde allerdings vom Kardinal und von Richard-junior bedauernd wahrgenommen.

Als die zwei alten, so unterschiedlichen Freunde alleine blieben, konnte der Professor endlich in Kürze seine Eindrücke aus der Chile-Studienreise dem Kardinal zwischen ein paar Pfeifenzügen schildern.

„Es war sehr anstrengend, aber fantastisch. Ich war von der großartigen Naturkulisse der Umgebung sehr überrascht und zugleich verzaubert. Unter dem Nachthimmel senkte sich eine absolute Stille und die trockene Gebirgsluft war so klar. Als die letzten Sonnenstrahlen am Horizont abtauchten, kam am Himmel der Lichtbogen der Milchstraße deutlich zum Vorschein. Ein silbrig schimmerndes Licht legte sich über die Berghänge, so als wenn der Himmel die Erde berührt. Abertausende Sterne funkelten wie ein Diamantcollier und waren scheinbar zum Greifen nah. Für die Astrowissenschaftler ein faszinierendes Bild. Einfach unbeschreiblich. Ich konnte die ersten Schritte des so großartigen Projektes miterleben und mitgestalten. Darauf bin ich sehr stolz. Das war der Startschuss zum Aufbau des größten optischen Teleskops auf der Erde. In der Atacama-Wüste wird auf dem über 3000 Meter hohen Armazonesberg ein Teleskop mit fünf riesigen Spiegeln, von denen der größte einen Durchmesser von 39 Meter hat, errichtet. Wir müssen uns zwar noch ein paar Jahre gedulden, bis die ganze Anlage in Betrieb genommen wird und bis man die ersten Bilder von den fernen Welten aus der Unendlichkeit zu sehen bekommt, aber dann verspricht man sich unter den Astrowissenschaftlern noch genauere, noch tiefere Einblicke in die Geheimnisse des Universums."

„Meine Bewunderung für deine Beschäftigung hat eine neue Dimension erreicht. Richard, du bist zu beneiden, du bist dem Himmel immer so nah. Noch näher als ich hier. Du hast mich schon letztmals durch deine Astrovorträge stark inspiriert und ich habe mir ernsthaft vorgenommen, mich in der Freizeit verstärkt der Astronomie zu widmen. Vielleicht schließe ich mich deinem Sohn, der sich hier bilden wollte, an. Oder ich tausche dann die neuen

Erkenntnisse mit ihm und, wenn du wiederkommst, auch mit dir aus. Doch siehst du, heute in der Nacht kann ich mein Versprechen, dass wir die Sterne hier beobachten werden, allerdings gar nicht einhalten. Die Vatikanische Sternwarte wird gerade leicht umgebaut."

„Gut, dann bleiben wir eben hier und genießen den ausgezeichneten Wein", beruhigte der Professor den Kardinal und hob sein Glas. „Also prost!"

Richard-junior wachte als erster auf, eng umschlungen in den Armen von Chiara. Überrascht schaute sich um und vorsichtig, um sie ja nicht zu wecken, wollte er sich befreien, doch Chiara zog ihn wieder an sich ran.

„So schön habe ich mir meinen ersten Tag im Dienst als Schweizergardist nicht mal in den kühnsten Träumen vorgestellt, aber wir müssen aufstehen, es ist schon viel zu spät. Ich muss mich auch noch bei dem Kommandanten blicken lassen und Vater wartet mit Sicherheit auch schon ungeduldig beim Frühstück auf uns."

„Ich weiß, du solltest uns heute die Sehenswürdigkeiten von Vatikan zeigen. Aber bleiben wir lieber hier im Hotel. Die größte und die attraktivste Sehenswürdigkeit habe ich eigentlich schon gestern gesehen. Dich in der Galauniform mit dem aufpolierten Helm. Die Bilder werden in München bei deinen Freunden auch eine gute Runde machen", und sie lachte ihn so unbeschwert an.

Vater saß schon beim zweiten Frühstücks-Cappuccino, als sich die zwei glücklichen jungen Leute zu ihm an den Tisch gesellten.

Junior fiel dabei auf, dass er noch keine einzige freie Minute gehabt hatte, um dem Vater die ersten Eindrücke über die geplante geheime Mission zu schildern. Immer war noch jemand dabei gewesen. Aber es war ihnen bisher auch noch nicht so wichtig gewesen. Sie genossen die Gemeinsamkeit. Genauso wie jetzt beim Frühstück zu dritt.

Aus Zeitmangel konnte man über eine Besichtigung der Sehenswürdigkeiten des Vatikans gar nicht sprechen. Der Vater kannte sich schon so ein bisschen aus und Chiara wollte Junior wenigstens den Petersdom und die Sixtinische Kapelle zeigen.

Berni hatte ausgerechnet Wachdienst an dem Touristeneingang zum Petersdom. So hatte Junior auch noch, zwar unerwartet, aber doch erfreut, die Gelegenheit gehabt, ihn Chiara und seinem Vater als den Zimmergenossen und den großen Helfer in den ersten Wochen hier im Vatikan vorzustellen. Besonders von Chiara erntete Berni dafür ein dickes Lob und ein Küsschen auf die Wange, was eigentlich schon einen groben Verstoß gegen die Wachdienstreglements darstellte.

Chiara hatte von Haus aus eine tiefe religiöse Erziehung genossen und so betrat sie auch mit voller Ehrfurcht den Petersdom. Sie bekreuzigte sich und kniete im Gebet versunken vor dem Päpstlichen Hochaltar nieder.

So ergab sich für den Junior eine gute Möglichkeit, dem Vater die ersten Eindrücke von dem ganzen Areal aus „ihrer" Sicht in knappen Sätzen zu schildern. Er meinte, falls sich hier so eine Geheimkammer befinde, dann machen ihn in der Richtung eigentlich nur die Museen, die Bibliotheken oder das Archiv neugierig. So wie er das bei der Einführung gesehen hatte, bot der Außenbereich kaum eine Möglichkeit dazu. „Und dass so eine Geheimkammer hier wirklich existiert, hat mir der Messdiener von der kleinen Kirche Santo Stefano Abissini unlängst erzählt …" Junior musste mitten im Satz aufhören, weil Chiara nach einem kurzen Gebet zu ihnen zurückkam.

Doch ein wenig später, als Chiara in der Sixtinischen Kapelle längere Zeit überwältigt und staunend mit den faszinierenden Fresken von Michelangelo beschäftigt war, konnte Richard-junior dem Vater seine Erfahrungen weiter schildern. Dass ein bereits verstorbener Bischof nach reichlichem Weingenuss den Messdiener in die Geheimkammer mitnahm und ihm dort eine Tontafel mit einem abgebildeten unbekannten Sternensystem zeigte. Dass in der Kammer weitere Tontafeln, ein unüberschaubarer Haufen von Büchern und andere ziemlich eigenartige Artefakte nur so herumlagen. Der Messdiener war damals auch richtig angeheitert und konnte sich nachher nicht mehr erinnern, wo er war und wo die Geheimkammer lag. Auch später, nach seinen eigenen Untersuchungen, nicht. Er ist ein interessanter, aber merkwürdiger, ja gerade egozentrischer Mensch.

Damit konnte Richard-junior seinen Vater schon ein wenig beeindrucken. „Das ist der erste wichtige Schritt, die erste heiße Spur und eine Bestätigung dafür, dass hier so ein Geheimerraum überhaupt existiert", meinte der Senior dazu. „Überleg doch mal, wie viele Forscher, Abenteurer und auch geldgierige Menschen bisher schon versuchten, in so eine Kammer zu gelangen. Es ist lobenswert, wie du die Herausforderung anpackst, sei aber vorsichtig bei weiteren Untersuchungen …" Der Vater dämpfte abrupt seine Stimme, als er Chiara kommen sah, wollte noch etwas ergänzen, doch sie war gleich da und hörte interessiert zu. Er hatte sie auch erst im letzten Moment bemerkt.

Was Junior nicht sehen konnte, Chiara blickte Richards Vater ziemlich forschend an. Hatte sie von dem Gespräch zwischen den beiden doch mehr mitbekommen, ahnte sie vielleicht etwas? Falls ja, dann hatte das Chiara gekonnt überspielt, denn sie fragte unbekümmert: „Was habt ihr eigentlich vor, betrifft das Juniors Astronomie Studium hier?"

Mit dieser Überlegung rettete Chiara die zwei Richards aus denen Erklärungsnot. Sie war ganz begeistert und schwärmte: „Das ist hier wie in einem richtigen Märchen. Hier möchte ich mal heiraten!"

„Da kenne ich, ganz in der Nähe, eine kleine Kirche, die sich dazu noch viel besser eignen würde. Mit dem Messdiener habe ich schon ein paarmal gesprochen. Der hätte sicher nichts dagegen gehabt", meinte Junior und blickte verschwörerisch zum Vater.

„Dann halten wir eben die zauberhafte kleine Kirche als den Ort für die Zukunft, also für die Hochzeit fest", meinte Vater erfreut.

„Das wäre sicherlich der schönste Grund, bald wiederzukommen", meinte auch Kardinal Clements, der sich kurz vom Konzil loseisen konnte und gehofft hatte, seine Freunde noch in der Sixtinischen Kapelle anzutreffen. „Ich wollte mich noch verabschieden. Danke für Ihren Besuch und ich wünsche Ihnen gute Heimreise."

„Danke, Stephan, wir bleiben weiterhin in Verbindung. Als Erstes schick ich dir nachher den ausführlichen Bericht von der Chile-Reise zu, wenn ich mit der Aufarbeitung fertig bin. Ich schätze, dass ich dafür gut eine Woche intensiver Arbeit brauchen werde."

„Prima, das nehme ich dann als die erste Lektüre in mein geplantes Astronomie Studium auf", stellte der Kardinal noch erfreut fest, „und ich hoffe, dass ihr das nächste Mal ein bisschen mehr Zeit mitbringt." Dann winkte er noch allen freundlich zu und eilte, unter dem Zuruf von Chiara und Junior, „Euere Eminenz, danke und auf Wiedersehen!", zu seinem Seminar zurück.

Der Abschied nahte unweigerlich und so gingen Chiara und Richard-junior Hand in Hand dem Besucherausgang schweigend entgegen.

„Oh, Richard, es war wunderschön hier", unterbrach Chiara die immer spannender werdende Stille und umarmte ihn ganz fest.

Junior küsste sie zärtlich und wollte damit überhaupt nicht aufhören.

Da kam Vater leicht unter Zeitdruck dazwischen. „Leider müssen wir uns beeilen. Dann mach's gut, Junge!" Dabei musste Vater das anrührende Bild, das sich ihm anbot, gemeinsam umarmen. Er hatte einen Arm um Chiara gelegt und den anderen um Richard, denn Chiara wollte ihren Richard gar nicht loslassen. Sie hielt ihn fest, als wollte sie die Zeit anhalten.

Dem Vater kam dabei gerade ein alter Ausspruch in den Sinn: „… dass erst die Distanz zwei Menschen noch näher bringt."

Es gab auch keine Abschiedstränen, nur eine Bestätigung, dass die Liebe stark genug ist, um die Fernbeziehung zu überstehen.

8. Der erste Wachdienst

Als wenn das Schicksal es so wollte, wurde Richard zu seinem ersten Wachdienst gerade an den Seiteneingang Porte Angelica abkommandiert. Ausgerechnet zu dem Eingang, wo er damals seine ersten unsicheren Schritte in die Vatikanstadt gemacht hatte und dabei auch auf Berni getroffen war.

Richard hatte sich zwangsläufig die Frage aufgedrängt, wie lange es eigentlich her war. Ihm schien es, als wäre es erst unlängst gewesen. Doch seitdem hatte sich so viel getan. So viele neue Eindrücke hatte er verarbeiten müssen. Er war in eine total andere Welt gekommen. Und die Zeit war mit den Inspizierungen der ganzen Stadt, mit der anspruchsvollen Rekrutenausbildung und schließlich auch noch mit der gerade bestandenen Vereidigung wie in einem Traum verflogen.

Nun schob Richard als neuer Hellebardier der Schweizergarde hier Wache. Er stand schon stundenlang, fast unbeweglich am Tor. Er hielt inne, lauschte dem aufkommenden Wind und den zahlreichen Touristen, die vorbeigingen. Doch in seinem Kopf überschlugen sich die Gedanken. Ein wehmütiges Lächeln lag auf seinem Gesicht, als er an die Tage der Vereidigung und die Begegnung mit Chiara dachte.

Dann war er wieder ernst, als er über die weiteren Untersuchungsschritte in seinem Vorhaben, die er nach dem Dienstschluss fortsetzen wollte, nachdachte und diese akribisch plante. Seine Gedanken gingen hin und her, zwischen einem unbestimmten Unbehagen, als er den derzeitigen Stand abschätzte, und einer freudigen Erwartung bei den nächsten Untersuchungen. Heute Abend wollte er den Außenbereich der Museen überprüfen, um ihn später mit dem Innenraum zu vergleichen. Die alten Baupläne hatte Richard in den Archiven schon besichtigen können und die wichtigsten Details hatte er sich eingeprägt. Ihm schien, dass sich da eine Diskrepanz zwischen der Außenwand und dem Innenraum ergab. Für die komplizierten Winkel hatte er sich dann ein paar Skizzen angefertigt, die er in seinem Gebetsbuch versteckte. Die Entfernungen hatte er damals abgeschritten. Für die genaueren Messungen hatte er vom Vater, bei seinem Besuch, ein Mini-Digitalmessgerät erhalten. Erstaunlich, wie das nur handygroße Gerät exakt arbeitete und alle Messungen auch speichern konnte.

Und gerade diese Handyform hatte sich bei den später durchgeführten Messungen als sehr praktisch und vorteilhaft erwiesen. Denn selbstverständlich konnte Richard nicht ganz frei um die alten Gemäuer herumlaufen und nachmessen. Die Wege entlang führten zu der Grünanlage und Richard begegnete stets einigen Priestern, zwar im Gebet versunken, aber mit Kopfnicken nahmen sie ihn wahr und manche grüßten ihn sogar.

So konnte sich Richard mit dem Gerät am Ohr immer in die gerade gemessene Richtung drehen und die Entfernung aufnehmen. Es war sowieso schwer genug, weil die Außenwände ein Bild darstellten, als wenn jede historische Epoche immer noch sein eigenes Teil angebaut hätte. Die Außenmauern zeigten unzählige Vertiefungen und Ecken, ungleiche Höhen und auch Dachneigungen. Falls im Gebäude also eine gerade Wand durchlaufen würde, ergaben sich somit genug Nischen, zerklüftete Innenräume und versteckte Hohlräume. Dabei müsste klar sein, dass ein Hohlraum noch lange keine Geheimkammer ausmachte. Eine fast unmögliche Aufgabe, die es zu lösen ergab.

Doch bevor sich Richard den Innenräumen der Vatikanischen Bibliothek, der Museen und auch des Archivs intensiv widmen konnte, kam ihm eine wichtige Veranstaltung der Päpstlichen Akademie der Wissenschaften zeitlich noch dazwischen.

Die Akademie organisiert demnächst ein internationales Symposium unter dem Motto: „Philosophie – der Weg zur Weisheit".

Dem Programm entsprechend sollte man sich auf einem akademischen Niveau mit der Geisteswissenschaft befassen. Von der Religionsphilosophie bis zu den wichtigsten Fragen der Gegenwart. Von wo kommen wir und was sind wir? Also mehrere Vorträge mit anschließender Diskussion über das Verhältnis zwischen Gott, der Welt und dem Menschen, um den Glauben richtig zu verstehen. Dabei setzte man allerdings die Wahrheit des Christlichen Glaubens als geltende Grundlage uneingeschränkt voraus.

Über diese bevorstehende Veranstaltung hatte Richard-junior mit seinem Vater länger telefoniert, in der leisen Hoffnung, dass Vater vielleicht auch teilnehmen könnte. Das ginge von Vaters Seite schon zeitlich gar nicht und auch die geplante Thematik betraf seine Arbeit eigentlich nur theoretisch ganz am Rande.

Der Vater meinte ganz trocken dazu: „Der Sinn unseres Daseins beschäftigt die Philosophen seit ewig. Schon die Vordenker wie Sokrates oder Platon wollten nicht mehr nur glauben, sie wollten wissen. Sie begannen in der Entstehungszeit der Naturwissenschaften die Dinge hinterfragen und über die weltbewegende Problematik nachzudenken. Genauso lang wird über das Geheimnis der Schöpfung philosophiert und über die Geschehnisse im Universum könnte man ewig philosophieren. Ich suche die Antwort in den Sternen, aber ich muss mich nach den Tatsachen richten, nach den kleinen Erkenntnis-Schritten, die wir schon mühsam herausbekommen haben und die wir erweitern wollen. Das Symposium wäre eher was für meine junge Kollegin, die will sich noch richtig orientieren, aber von dem Termin her, passt es auch ihr nicht …"

„Die kleine, von der du bei deinem letzten Besuch hier nur so nebenbei kurz was vorgeschwärmt hattest?", unterbrach ihn Junior spitzbübisch lächelnd.

„Bring ja nichts durcheinander. Sie ist groß genug und schlank und wir haben mit der jungen Professorin nur ein paar Mal beim Kaffee ganz allgemein, doch sehr interessant diskutiert. Sie spielt angeblich ganz gut Schach, dazu fehlst du mir sehr. Ich werde sie mal zum Schachspiel einladen. Mal sehen, was dabei rauskommt."

„Also schade, dass du nicht kommen kannst und viel Spaß beim Spiel. Du musst dabei auf die Schachdamen gut aufpassen!", schmunzelte Junior weiter und fuhr dann schon wieder ernst fort: „Ich selbst versuche, während des Symposiums die Wache in der Päpstlichen Akademie zu schieben. Einige Themen interessieren mich doch. Vielleicht kann ich dann vom Eingang ins Konferenzsaal so ein bisschen mithören."

„Tue das, es schadet nicht gerade, wenn man die Probleme nicht nur mit dem jugendlichen Elan, sondern auch mit einer philosophischen Gelassenheit angeht. Der wahre Weg wird durch unsere Fähigkeiten gewählt. Du musst aber ganz konsequent deinen Plan unter allen Sicherheitsvorkehrungen verwirklichen."

Junior fühlte die Stärke, die von Vaters Argumenten ausging. Vater wirkte stets so selbstsicher, so beherrscht. „Ja, und noch was", ergänzte Junior nachdenklich, „sollte sich was Neues ergeben, rufe ich dich an, wenn es bei mir geht. Denn ich kann nicht immer ganz frei reden. Berni, meinem Zimmergenossen, bin ich schon einige Male bei verschiedenen Aktionen aus der Reihe aufgefallen. Bis jetzt hat er zwar noch nicht nachgefragt, doch ich sah seine nachdenkliche Miene."

„Also, dann pass gut auf, du bist auf dem richtigen Wege. Es wäre schade es zu vermasseln", verabschiedete sich Juniors Vater.

Die Wachdiensteinteilung führte stets der Feldwebel durch. Doch mit Richards Wunsch, die Wache während des Symposiums in der Päpstlichen Akademie der Wissenschaft zu leisten, wurde der Feldwebel überrascht und schlicht überfordert. Das musste er erst mal mit dem Kommandanten abklären.

Der Kommandant, eine starke und energische Persönlichkeit, empfing Richard respektvoll, er wusste schon seit dem Vorstellungsgespräch mit Richard, was der so vorhatte, und genehmigte dessen Wunsch als Ausnahme und mit Einschränkungen. Richard sollte am Anfang und Ende sowie in den Pausen des Seminars am Akademieeingang Wache halten. Während der Vorträge durfte er im Konferenzsaal zuhören.

Gut zugehört während des Gesprächs zwischen Richard und Feldwebel hatte allerdings auch Berni. Er schüttelte zwar mit dem Kopf über Richards geplantes Vorhaben, aber überrascht war er diesmal eigentlich nicht mehr. Doch Berni fühlte sich langsam bestätigt, dass Richard irgendeinen geheimen Plan verfolgte.

Von den Vorträgen des Symposiums hatte sich Richard wesentlich mehr versprochen. Es ging bei den Vorträgen überwiegend um die Religionsphilosophie mit Bezug auf die Glaubensfragen. Um eine philosophische oder religiöse Gottesvorstellung. Am interessantesten war für ihn noch die Philosophie aus der Zeit der italienischen Renaissance und Reformation mit einem Beitrag über den damaligen Astronomen und Visionär Galileo Galilei, der einige Tabus seiner Zeit brach. Er war einer der Begründer der modernen Naturwissenschaften. Mit seiner Himmelsmechanik und den Berechnungen und Entdeckungen in der Astronomie zeigte er, dass es im Universum in erster Linie auf die Beziehung eines Körpers in Raum und Zeit ankommt. Immerhin noch genug vom interessanten Stoff für Richard zum Nachdenken.

Selbstverständlich nahmen sich die Philosophen auch noch die Zeit, um die Sehenswürdigkeiten des Vatikans zu besichtigen. Dem entsprechend philosophisch klang auch die Zusammenfassung über die Magie der Kunst. Die sagenhaften Kunstwerke dienten als große Fenster, die Einblicke schaffen in eine andere vergangene geschichtliche Epoche.

9. Richard sucht die Geheimkammer

Die darauffolgenden Tage und Wochen verstrichen ereignislos, sie wurden für Richard nach dem Wachdienst mit den Besuchen in der Vatikanischen Apostolischen Bibliothek ausgefüllt.

Richards Besuche in der Bibliothek waren schon mehr als außergewöhnlich. In den vom Bibliothekar überschaubaren Bereichen musste er sehr vorsichtig vorgehen und abwarten, bis der Bibliothekar eine Weile wegging. Dazwischen studierte Richard oft sogar die Schriften. Und es war auch faszinierend für ihn. Man blättert in den alten Schriften, Seite für Seite und stets erwartet man etwas Aufregendes, etwas Neues noch Unbekanntes zu entdecken.

Sonst interessierte sich Richard eigentlich nicht für die Bücher in den Regalen selbst, sondern er suchte nach Freiräumen hinter den Büchern und Schriften. Hinter den Bücherschränken suchte er nach versteckten Hohlräumen, also nach Durchgängen in andere Räume, nach verdächtigen Mauernischen und Vorsprüngen. Diese Arbeit war mühsam und wirbelte eine Menge von Jahrhunderten altem Staub auf. Dabei musste er stets sehr vorsichtig vorgehen, um ja nicht aufzufallen. Nur sehr selten war er in einigen Bereichen der ziemlich langen Bibliothek alleine.

Tag für Tag, Abend für Abend, so lange die Bibliothek geöffnet hatte, machte Richard die unterschiedlichsten Versuche, um einige Anhaltspunkte in seiner „geheimen Mission" zu finden. Doch bisher ohne den kleinsten Erfolg, ohne auch nur einen kleinen Schritt vorwärts zu kommen.

Der arme Richard war unzufrieden mit sich selbst. So überkamen ihn, nach wochenlangen erfolglosen Bemühungen, eine Geheimkammer zu finden, echte Zweifel an seinem Vorgehen. Er tastete sich zwar immer näher dadurch ran, indem er bestimmte, schon durchsuchte Objekte und Räume ausklammern konnte. Die weiteren Möglichkeiten waren immer enger eingekreist. Doch das war zu wenig, die bisherigen Nachprüfungen ergaben nicht die geringsten Anhaltspunkte. Wenn sich nach wochenlangen Anstrengungen gar kein Erfolg zeigt, zehrt die Enttäuschung langsam an den Nerven. Wollte er mit seinem Vater etwa zu viel, oder war er bisher in sämtlichen seiner Aktionen zu oberflächlich, zu schwach? Waren alle seine Überlegungen falsch, oder waren die Stellen, wo er ein Versteck vermutete und suchte, eben nicht die richtigen Orte? Es hätte auch sein können, dass sich die Leute in all den Jahren aus lauter Vermutungen, in einer trügerischen Hoffnung etwas zusammengedichtet und es als Fiktion stets weitergeleitet hatten und so eine Geheimkammer hier überhaupt nicht existierte.

Richard brauchte Zeit, um sich zu sammeln und kam wieder zu sich. Er ließ sich nicht entmutigen, sondern versuchte Ordnung in seine Gedanken, in seine Überlegungen zu bringen. Er musste sich in die Überlegungen derer hineinversetzen, die so eine Geheimkammer geschaffen hatten.

Dabei erinnerte er sich an Vaters Worte: „Wenn man von einer Sache voll überzeugt ist, stellt man sie nicht in Frage. Man muss von dem, was man tut, absolut überzeugt sein." Und Richard war von seiner Mission immer noch fest überzeugt, obwohl er schon viele Stellen untersucht hatte und immer noch keinen Anhaltspunkt finden konnte. Doch das hatte allerdings auch einen Vorteil, denn nun wusste er, wo er in der unüberschaubaren Menge der Objekte nicht mehr zu suchen brauchte. Und das war immerhin ein großer Schritt auf dem richtigen Weg.

Richard untersuchte gerade ein als Schrank ausgebautes Bücherregal mit uralten Schriften aus dem Mittelalter, da vernahm er nicht die sich nähernden Schritte, als Berni fast unbemerkt dazu kam.

„Komme ich ungelegen? Ich hoffe ich störe nicht", meldete sich Berni gut gelaunt. „Ich möchte nicht aufdringlich sein."

Richard, der gerade zwei dicke Bücher herausnahm, zuckte überrascht zusammen. In seinem Gesicht stand ein leicht verkrampftes Lächeln.

Doch als Berni die Bücher in Richards Hand genauer ansah, fragte er hintergründig weiter und blickte Richard forschend und ziemlich verwundert an: „Sag mal, seit wann interessieren dich die alten Hexen?"

Bernis Auftauchen und seine direkte Frage hatten Richard beinahe aus dem Gleichgewicht geworfen. Erst jetzt war es ihm auch so richtig aufgefallen, dass er ein Bücherregal mit solchen Schriften über die Hexenjagd im Mittelalter inspizierte und zwei Bücher mit solchen Titeln gerade in der Hand hielt. Ihm ging es bei den Büchern in Wirklichkeit um eine andere Problematik, so war er über die Thematik der Bücher, die er in der Hand hielt, nun selbst überrascht.

Richard holte tief Atem, um sich zu beruhigen, und suchte nach einer plausiblen Erklärung. Um Ausreden war er eigentlich nie verlegen und bisher konnte er Bernis vorsichtigen Andeutungen auch immer geschickt ausweichen. Doch eine richtige Antwort wollte ihm gerade jetzt nicht einfallen. Berni hatte ihn unvorbereitet in einer unübersichtlichen Lage kalt erwischt.

„Woher wusstest du, dass ich hier bin?", fragte Richard, um ein bisschen Zeit zu gewinnen. Dabei war er heilfroh, seine plötzlich eingetretene Unsicherheit gerade noch verbergen zu können.

„Ich habe dich vermisst und dich gesucht. Tagelang lässt du mich jeden Abend mit den Schachdamen allein. Ich wollte sehen, was du denn so immer treibst. Ich ahnte zwar, dass du dich mit deiner Astronomie beschäftigst, doch überraschend finde ich dich bei den Hexen", antwortete Berni und abwartend nahm er seine üblich lässige unbekümmerte Haltung ein.

Richard ging auf diese letzte, leicht bissige Bemerkung von Berni zuerst gar nicht ein und zuckte nur mit den Achseln. Er musste sich nicht rechtfertigen und zwang sich kühl zu bleiben. Doch langsam begriff er, dass ihm Berni, sicher ungewollt, die rettende Idee für eine passende Antwort gerade selbst präsentiert hatte.

Astronomie und Hexen! Das war es!

„Schon gut. Was sollte daran so merkwürdig sein?", beschwichtigte Richard Berni und fuhr nun ruhiger werdend fort: „Vielleicht auf den ersten Blick. Viele angebliche Hexen wurden im Mittelalter dafür verbrannt, dass sie sich mit der Astronomie und hauptsächlich mit der Astrologie beschäftigt hatten. Sie versuchten damals, anhand der Position der Sterne und deren Bewegung die zukünftigen Geschehnisse auf der Erde vorauszusagen. Besonders bei den vielen Kriegszügen wurden die hellseherischen Fähigkeiten der geheimnisvollen Zauberweiber sehr gefragt. Doch wenn sich die positiven Prophezeiungen nicht erfüllt haben, weil die Sterne der Herrscherarmee nicht so wohlgesonnen waren und somit der Krieg verloren ging, landeten sie anschließend als Hexen und Zauberinnen mit dem Teufel im Bunde auf dem Scheiterhaufen. Ich wollte nun herausfinden, an welchen Sternen oder Sternbildern sich die Hexen damals orientiert hatten."

Richard konnte zwar mit Mühe, aber immerhin nochmals die Tatsachen gerade noch verschleiern. Seine kurze, improvisierte und vereinfachte Erklärung war gekonnt und wirksam. Denn die klang auch für Berni nicht ganz unglaubwürdig, als er sich anschließend an Richard in der Hoffnung auf ein Schachspiel wandte: „Die Bücherei schließt gleich. Komm mit, vielleicht machen wir auf der Stube eine Partie."

„Ich komme gleich, aber mir ist heute nicht nach einem Spiel zumute", antwortete Richard, immer noch mit den zwei dicken Schriften in der Hand. Als er sie in die Lücke in dem Bücherregal wieder einschieben wollte, sah er im Hintergrund keine Mahagonirückwand des Regals, sondern einen dunklen tiefen Leerraum. Beinahe hätte Richard schon eingegriffen, doch es ging jetzt leider nicht. Nur widerwillig räumte er den Platz. Das muss er zu einem günstigeren Zeitpunkt nochmals genauer untersuchen.

Vorher aber musste Richard unbedingt diesen Vorfall erst so richtig verarbeiten.

Die Nacht verzog sich mit einer quälenden Langsamkeit. Zu später Stunde lag Richard noch lange wach und grübelnd im Bett. Die Müdigkeit nach dem langen Wachdienst strömte in seine Glieder ein und erreichte den ganzen Körper. Dazu kamen noch die Vorkommnisse vom Spätnachmittag in der Bibliothek, über die er intensiv nachdachte. Seine Stimmung war trübe, sein schlechtes Gewissen drückte psychisch auf ihn und er machte sich Vorwürfe. Er täuschte all die Menschen, die sich in den letzten Wochen und Monaten um ihn gekümmert hatten. Im Prinzip betrieb er ein Doppelleben hier im Vatikan.

Er war von den Ereignissen in der Bibliothek sichtlich mitgenommen, denn die Unterredung mit Berni stimmte Richard nachdenklich. Es machte ihn sehr nervös, dass ausgerechnet Berni ihn beinahe in einer prekären Lage erwischt hätte. Denn wäre Berni nur einen Moment später aufgetaucht, hätte er Richard in einer Situation vorgefunden, wie er in dem freien Raum hinter den Büchern mit seiner Hand, tief bis zu der Schulter, herumtastete und herumsuchte. Das wäre beinahe fatal gewesen und schon wesentlich schwerer zu erklären, wonach er dort eigentlich gesucht hatte.

Und es wäre nicht zum ersten Mal gewesen, dass sich Richard erklären musste. Damals, mit den Bauplänen der Bibliothek, war es ähnlich gewesen.

Dabei ahnte Richard noch gar nicht, wie oft ihn Berni in der Zeit schon bei nicht ganz normalen Situationen beobachtet hatte. Und Berni erwies sich als ein guter Beobachter, schon bei dem Einführungsrundgang, wo Richard so nebenbei nach Überwachungskameras gespäht hatte und auch bei dem Gespräch mit dem Messdiener von der kleinen Kirche. Diese Vorgänge mussten für Berni schon kleine Unzulänglichkeiten sein.

In der Nacht wälzte sich Richard lange herum, und als er dann doch einschlief, schreckte er aus dem Traum hoch und setzte sich auf. Doch er konnte sich an keine Einzelheiten erinnern. Dann blieb er fast bis zum Tagesanbruch wach. Eine Unmenge Gedanken ging ihm durch den Kopf. Seine Überlegungen kreisten immer wieder um die Hauptproblematik, aber eine Lösung, wie er seine Recherchen in Zukunft besser gestalten sollte, suchte er vergebens, die fand er in der Nacht nicht mehr.

10. Richard sucht weiter ohne Erfolg

Am nächsten Morgen verschlief Richard fast. Der Körper verlangte eben den normalen Rhythmus nach der so unruhigen Nacht. Es war ihm auch anzusehen, in welcher Stimmung und Verfassung er sich befand. So war es eigentlich nur eine logische Folge, dass Richard nach dem anstrengenden Wachdienst spät nachmittags eine Erholung im Grünen, in der Vatikanischen Parkanlage suchte. Es zog ihn nach draußen, um auf andere Gedanken zu kommen.

Langsam senkte sich die Dämmerung, als Richard losging, aber es war gerade noch so hell, um die stille Schönheit der Parkanlage, die heute allerdings unter dem trüben Himmel lag, bewundern zu können. Als wohltuend empfand Richard die frische Luft, die etwas Prickelndes in sich hatte, und die Ruhe des Abends. Er zog langsam um die alten Gemäuer und hatte den Eindruck, als gaben die Mauern den Geist der Vergangenheit wieder frei.

Der Weg verengte sich in einen weiterführenden Pfad zwischen den kunstvoll geschnittenen Hecken und Sträuchern. Die milde Luft roch nach frisch gemähtem Gras und die uralten Olivenbäume breiteten ihre knorrigen Äste über Richards Kopf aus. Der leichte Wind ließ die Blätter des baumgesäumten Weges im Park rauschen. So standen unmittelbar neben den alten Bauwerken aus Stein und Beton echte Kunstwerke aus Holzstämmen, Zweigen mit Blättern, smaragdgrüner Zierrasen und ein unüberschaubares buntes Blumenmeer.

Der Wind blies jetzt stärker und von den tiefhängenden Wolken setzte gleichzeitig ein feiner Nieselregen ein. Doch Richard, tief in seinen Gedanken versunken, schien es nicht zu merken und schlenderte in die abgeschiedenen Ecken des Parkes. So streifte er auch wiederum den Adlerbrunnen, der ihm mal leicht verdächtig vorkam, aber der war für seine Untersuchungen unwichtig.

Aus dem Dickicht tauchte plötzlich ein Schatten auf, der Konturen bekam, so, als materialisierte sich eine Gestalt aus der Finsternis. Ein Priester im Gebet versunken kam Richard entgegen, doch er nahm ihn gar nicht wahr.

Inzwischen war der Regen heftiger geworden, eine graue Wolkenwand zog an, zum Teil trommelten die schweren Regentropfen regelrecht auf den Boden. Doch Richard ging weiter wie im Traum, die kalten Wassertropfen fühlte er ganz angenehm auf seinem Gesicht. Das Wasser tropfte auch schon von seiner nassen Kleidung herunter, aber es war eine erfrischende Dusche. Erst beim Rückweg fand er an der Rückseite eines Gebäudes unter dem Vordach ein bisschen Schutz. Plötzlich duckte sich Richard, denn es krachte bei dem Gewitter, als würden die Dachbalken über ihm zusammenstürzen.

Dann verzog sich das Unwetter so rasch, wie es gekommen war. Der Wind hatte sich gelegt und der Regen hörte auch langsam auf. So senkte sich unter dem nun schon fast verdunkelten Nachthimmel eine sonderbare Stille über die Parkanlage. Es war so idyllisch.

Nach den Strapazen des Tages wirkte der Spaziergang auf Richard fast unwirklich.

Durch die unterschiedlichen Dienstzeiten gegenüber Berni hatte Richard nun genug Zeit für weitere Untersuchungen. Zuerst wollte er die Überprüfung in der Bibliothek bei den Hexen fortsetzen, wo er damals von Berni unterbrochen, gar beinahe erwischt worden war.

Die Nische in der Bibliothek mit dem fraglichen Bücherregal mit den Schriften über die mittelalterlichen Hexen war von dem Standort des Bibliothekars nicht einsehbar und es waren auch keine weiteren Sicherheitsvorkehrungen in der Nähe ersichtlich.

So stand Richard mit den gleichen Schriften über die Hexen in der Hand vor dem Bücherregal wie unlängst, als Berni dazu gekommen war. Richard dachte nur kurz daran, wie Berni eigentlich darauf reagieren würde, wenn er Richards wahre Untersuchungsgründe erfahren sollte. Dann tastete er sich mit der linken Hand in die Hohlräume hinter den aufgebauten Schriften fast bis zu seiner Schulter vor, ohne Bedenken, dass ihm ein großer Bücherwurm in die Finger biss. Bei dieser Überlegung, die ihm so spontan einfiel, hätte Richard beinahe laut gelacht. Das Lachen verging ihm allerdings gleich danach, als er seine Hand herauszog. Sie war fast schwarz bedeckt von Spinnennetzen.

Aber wenn man dem alten Aberglauben nur ein bisschen Glauben schenken sollte, war es eigentlich ein gutes Zeichen, denn die Spinnen galten früher als Glücksbringer für neue Entdeckungen.

Doch die nochmalige Überprüfung der Hohlräume ergab zuerst nichts Neues, nicht das Geringste. Nur eine Leere. Deswegen unterlief dem so enttäuschten Richard dabei ein kleiner Seufzer.

Er bewegte sich anschließend in der Bücherreihe etwa zwei Meter weiter und versuchte nochmals sein Glück. Dort herum tastete Richard in dem freien Raum hinter den Schriften und stieß plötzlich auf einen harten Gegenstand. Er zog ihn heraus und staunte über eine etwa 20 mal 10 Zentimeter große Metallkassette, die gleich auf den ersten Blick die hohe handwerkliche Fähigkeit des Herstellers offenbarte. Die verspielte Außenform deutete auf ein hohes Alter der Kassette hin, doch es waren kaum Rostspuren sichtbar. Beim Schütteln hörte man deutlich, dass sich in der Kassette ein Gegenstand bewegte. Mit seinem Schweizer Taschenmesser, das er vom Berni bekommen hatte, gelang es Richard mit einiger Mühe, die Kassette zu öffnen. Er staunte nochmals und noch mehr. Da lag ein stark verrosteter ungewöhnlich großer Schlüssel. Der verschnörkelten Art der Schlüsselzähne nach war er bestimmt aus dem Mittelalter.

In dem nun aufgetretenen Vergleich zeigte sich nochmals ganz deutlich die ausgezeichnete Metalllegierung der Kassette, die damals vielleicht als Tabak- oder eher noch als Schnupftabakdose gedient hatte.

Doch wozu hatte man den so aufwendig versteckten alten Schlüssel damals gebraucht? Das dazu passende Gegenstück, also ein Schloss in einer Eingangstür, in einem Schrank, oder in einer Tischschublade war heute sicherlich nicht mehr auffindbar.

Die Metallkassette hätte früher auch als ein toter Briefkasten gedient haben können, bis man ihn irgendwann hinter den Büchern vergessen hatte. Das Geheimnis, zu welchem Zweck der Schlüssel früher galt, hatten ein Priester oder auch mehrere andere Benutzer mit sich ins Grab genommen.

Und zum Öffnen der Geheimkammer, die der Messdiener der kleinen Kirche beschrieben hatte, passte dieser Schlüssel sicher auch nicht, denn hätte man ihn gebraucht, wäre er nicht so stark verrostet gewesen.

Also war die Sache damit für Richard uninteressant, er packte alles ordentlich zusammen und schob die Kassette, nachdenklich und leicht enttäuscht, wieder hinter die Bücher zurück.

Richard musste die unterschiedlichen Dienstzeiten Berni gegenüber ausnutzen und so ging er den nächsten Tag wiederum in die Bibliothek.

In der endloslangen Vatikanischen Bibliothek fand Richard gleich mehrere, für seine Problematik, leicht verdächtige Bereiche, die somit eine genauere Untersuchung erforderlich machten.

Schon als Richard von dem Bibliothekar, bei dem er sich angemeldet hatte, wegging, drückte er sich in eine tiefe Nische zwischen den Bücherregalen. Damit verschob er eigentlich ungewollt das halb leere Regal ein wenig schräg von der Wand. Doch dahinter offenbarte sich nur eine glatte Wand, ohne verdächtige Anhaltspunkte, abgesehen von ein paar verwitterten Ziegelsteinen.

Ein Stückchen weiter fand Richard in der Mitte eines Bücherregals fünf Bücherrücken zusammengeklebt als imitierte Abdeckung. Doch auch hier ergab sich dahinter nichts Brauchbares. Vielleicht war es zur bestimmten Zeit nur ein getarntes Versteck gewesen.

Auf der anderen Seite des Raumes stand ein Bücherschrank aus einem edlen Holz, allerdings mit einer falschen Rückwand, die man zum Teil verschieben konnte. Die Ursache stellte Richard schnell fest. Der Bücherschrank war uralt und eine verwitterte Holzplanke in der Rückwand hatte sich gelockert und so konnte man das breite Brett ein wenig verschieben. Doch kein Durchgang oder Eingang war hinter dem Schrank zu sehen.

Und gleich daneben stand im obersten Fach einer Vitrine eine ganze Sammlung von alten ledergebundenen, allerdings stark abgenutzten Büchern über die astronomischen Betrachtungen im Mittelalter. Die wollte Richard in dem kleinen Leserraum wenigstens durchblättern, da er in zwei der Schriften viele Illustrationen gesehen hatte. Vielleicht würde er dort nähere Beschreibungen über das Sternbild Cassiopeia, das dem Messdiener in der Erinnerung blieb, finden oder auch andere Anhaltspunkte für sich.

Das eine Buch, gerade das am meisten abgenutzte, das kaum zusammenzuhalten war, gefiel ihm besonders gut. Das Buch hatte sich Richard ausgeliehen und wollte es in der Cafeteria in Ruhe näher studieren.

Richard ließ sich dabei Café Crema schmecken und staunte über die Astronomen des Mittelalters. Mit verhältnismäßig einfachen optischen Geräten schafften sie eine Grundlage für fast exakte Berechnungen der Umlaufbahnen von diversen Sternen und Planeten.

Das schien Richard, den detaillierten Beschreibungen des uns nahen Universums nach, eine gute Grundlage für das bevorstehende Astronomie Seminar zu sein, das die Päpstliche Akademie der Wissenschaften schon nächste Woche veranstalten sollte.

Zu dem dreitägigen Einführungsseminar hatte sich Richard schon gemeldet und es war von dem Kommandanten auch bereits genehmigt worden.

Diese Gelegenheit nutzte der Kommandant sowohl zu einem kurzen Gespräch mit Richard über das Astronomie Seminar als auch zu einer Bewertung seiner bisherigen Tätigkeit als Hellebardier.

„Mal abgesehen davon, dass Sie Ihre dienstlichen Pflichten tadellos erfüllen, was man lobend erwähnen muss", der Kommandant sprach nicht unfreundlich, aber in einem Befehlston und kam eindringlich zu einem anderen Punkt, „wollte ich Sie schon früher befragen, wegen einer Angelegenheit, die ich nicht ganz verstanden habe." Der Kommandant musterte Richard mit einem prüfenden Blick über den Brillenrand hinweg und seine durchdringenden Augen hatten Richard auch schon bei den früheren Gesprächen gestört.

Auf seine schwerfällige Art setzte der Kommandant die Befragung nachdenklich fort. Er war mal mit einer Problematik konfrontiert worden und hatte in der Apostolischen Bibliothek nach einer Lösung gesucht. Als er zu dem Bibliothekar ging, war Richard gerade mit einem Haufen Akten weggegangen, ohne den Kommandanten gesehen zu haben. Doch der Kommandant hatte bei dem Bibliothekar noch die ausgebreiteten Unterlagen gesehen über die Baupläne, die sich Richard gerade ausgeliehen hatte.

„Wozu haben Sie die alten Baupläne von der Apostolischen Bibliothek eigentlich gebraucht? Die Baupläne hatten sicher mit der Astronomie und Archäologie, die Sie so interessiert, nichts zu tun, oder? Ich habe dann den Bibliothekar diesbezüglich angesprochen. Er sagte mir, dass er sich auch schon mal über die Auswahl der verschiedenen Schriften, die Sie lesen, gewundert hatte."

Mit dieser direkten Konfrontation setzte der Kommandant, vielleicht auch nur ungewollt, den leicht staunenden Richard enorm unter Druck.

Dennoch erinnerte sich Richard, dass ihn schon früher auch Berni mit den gleichen Bauplänen in der Hand und fast zur gleichen Zeit überrascht hatte. Da musste Richard, nachdem er sich leicht beruhigt hatte, eigentlich nur die Begründung, die er damals Berni präsentiert hatte, auch heute beim Kommandanten zu wiederholen. Dass er von der großartigen, aber einzigartigen Architektur des endloslangen Raumes der Apostolischen Bibliothek fasziniert war. Gleichzeitig aber kam Richard die Tragfähigkeit der unendlich langen wunderschön verzierten Gewölbe verdächtig vor und er wollte wissen, wie die alten Baumeister mit den damaligen einfachen technischen Mitteln und Materialien so eine architektonische Besonderheit überhaupt bewerkstelligen konnten.

Damit hatte Richard den Kommandanten anscheinend überzeugt und dessen aufkeimenden Verdacht zerstreuen können, denn der Kommandant nickte, zwar immer noch nachdenklich, aber er wünschte Richard, bei dem Astroseminar viele neue Erkenntnisse zu erfahren.

Übrigens, die spätere genaue Untersuchung der verdächtigen Seitenwände hatte für Richard keine neuen Anhaltspunkte gebracht.

11. Einführungsseminar für die Astronomie

Die Päpstliche Akademie der Wissenschaften, die im Mittelalter geschaffen wurde, um die wissenschaftliche Freiheit zu sichern und die Forschung zu fördern, veranstaltete demnächst ein Einführungsseminar für die Astronomie unter dem Motto: „Wo sind wir im Weltall?"

Wahrscheinlich waren die Organisatoren inspiriert durch die letzten Bilder, die die Raumsonde Voyager 1 funken konnte. Die Erde sah auf den Aufnahmen aus der weiten Ferne wie ein Staubkörnchen in dem unendlichen, und unermesslichen Raumes des Universums aus. Schon alleine die Betrachtung der einzigartigen Aufnahme müsste bei Wissenschaftlern, Politikern, Wirtschaftskonzernen, auch bei der Kirche und den einfachen Menschen zum Nachdenken führen, wie wir mit dem großartigen Geschenk der Natur, mit unserer Erde, so fahrlässig umgehen.

Das Seminar sollte in der Vatikanischen Sternwarte in Castel Gandolfo in den Albaner Bergen, südlich von Rom, abgehalten werden. Bei günstigen Wetterbedingungen könnte man anschließend zu den Vorträgen auch praxisnahen Beobachtungen und die entsprechenden Analysen dazu durchführen. Dazu war die Sternwarte mit drei neuen Fernrohren ausgestattet, eines davon mit einer großen Brennweite. In dem Astrolaboratorium wurden spektral-chemische Untersuchungen der Sterne durchgeführt.

Die Teilnehmer, neben den Priestern und Gardisten hatten sich auch viele Studenten und Interessenten aus Rom gemeldet, wurden mit einem Shuttlebus vom Petersplatz zu dem Observatorium gebracht.

Als Richard in seiner Exerzieruniform in den Shuttlebus einstieg, hallte ihm eine bekannte Stimme entgegen, die Stimme des Kardinal Clements, der Richard zuwinkte und ihn bat, neben ihm Platz zu nehmen.

„Euere Eminenz, danke, ich bin überrascht, dass Sie hier sind." Mehr brachte der total überrumpelte Richard bei der Begrüßung nicht zustande.

„Ich habe doch Ihrem Vater versprochen, dass ich mich demnächst mehr der Astronomie widmen werde. Und dieses Seminar bietet sich, dem Programm nach, als Einstieg gerade ideal dazu an, den Himmelsphänomenen ein paar Geheimnisse zu entlocken."

„Ja, da haben Sie vollkommen recht und besonders interessant könnte sein, dass man spät Abend auf der Sternwarte die Theorie in der Praxis bestätigt bekommen kann. Ich bin sehr froh, dass ich von dem Kommandanten für die Seminartage frei bekam."

Da schmunzelte der Kardinal für sich ganz leicht: „Ich habe Sie erwartet. Das ist doch Ihr wahres Hobby und von Ihrem Vater haben Sie auch schon die beste Grundlage von klein auf dazu mitbekommen."

Eine wunderschöne Ansicht bekamen die beiden, als der Shuttlebus den letzten Kilometer den Hügel langsam hinauffuhr, denn die Sternwarte erhob sich echt majestätisch in dem azurblauen Himmel.

Dann begann schon die Suche danach, wo wir im Weltall sind, wie das Seminar hieß. Für Richard war dies am Anfang sicher nichts Neues. Oder doch, denn gleich als erste Lektion in der Einführung in die Astronomie wurde unter den Aspekten der Kirche die Problematik „Himmel und kosmischer Raum" präsentiert und eigentlich wurde dann der unendliche kosmische Raum als Himmel dargestellt. Die nähere Erkenntnis des Weltalls beeinflusst auch alles Geschehen auf unserer Erde, wie das der Menschen und so auch der Natur. Weiter ging es über den Aufbau des Weltalls zum Sonnensystem mit den Umlaufbahnen der einzelnen erdnahen Planeten wie Merkur, Venus und Mars zu den weit entfernten Riesenplaneten Jupiter und Saturn, bis zu den Galaxien, in denen sich die Langzeitvorgänge abspielten. So eine Art Reiseführer durch die Galaxien. Und mit unserer Milchstraße waren wir ein Bestandteil eines sich stets ausdehnenden Universums.

Sehr interessant waren dann am Abend die attraktiven Aufnahmen des Sternhimmels als Zugang in die grenzenlose und geheimnisvolle Welt des Alls, mit einer ganzen Reihe von Sternbildern der Milchstraße. Aus Gruppen klarer Sterne hatte die menschliche Einbildungskraft bereits vor Jahrtausenden die einzelnen Sterne zu einfachen geometrischen Figuren geformt und so die uns bekannten Sternbilder entstehen lassen. Darüber war auch Richard schließlich ganz begeistert, denn die fernen unbekannten Welten, Sterne und Planeten lagen zum Greifen nah und die Bilder übten eine enorm große Faszination auf ihn aus.

So traute sich Richard nach der abschließenden Diskussion am letzten Abend des Seminars Kardinal Clements wegen der Vermittlung eines Besuches des Vatikanischen Geheimarchives anzusprechen. Das hatte ihm der Kardinal gleich bei der ersten Begegnung im Vatikan damals angeboten. Nun war Richard nach der Durchsuchung der frei zugänglichen Bereiche in den Museen und in der Apostolischen Bibliothek so weit, dass er es in dem Vatikanischen Geheimarchiv, als eine der letzten Hoffnungen, fortsetzen wollte.

Auch Richards Vater hatte damals sein Freund, der Kardinal Stephan Clements, den Besuch des Vatikanischen Geheimarchivs ermöglicht. Und der Vater fand die interessantesten Schriften und Anhaltspunkte gerade in dem Archiv.

Nach einer kurzen Überlegung nickte der Kardinal wohlwollend und sicherte Richard zu: „Melden Sie sich am Anfang der nächsten Woche bei dem Archivar. Bis dahin liegt eine Empfehlung für Sie bei ihm vor."

„Eure Eminenz, vielen Dank."

12. Richards Telefonat mit seinem Vater

„Hallo Vati, ich rufe zu einer ziemlich ungewohnten Zeit an, aber ich meine, jetzt spielt man noch nicht Schach. Das tut man erst später am Abend und der Sieger hat nachher dann gleich drei Wünsche frei ..."

Richard-junior wurde von seinem Vater unterbrochen, noch bevor er seine Gedanken beenden konnte: „Hör auf mit deinen unbegründeten Anspielungen. Das könntest du dir für deine Chiara aufheben, die hat es auch nötig, aber dazu komme ich später. Was ist los, du hast dich lange nicht gemeldet?"

„Ich wollte dich kurz über das Astroseminar informieren, das die Päpstliche Akademie der Wissenschaften die Woche in der Vatikanischen Sternwarte bei Rom veranstaltet hat. Es war eine Einführung in die Astronomie, für dich alles bekannte Sachen, aber die erklärte Orientierung auf der Himmelssphäre und die Aufnahmen des Sternhimmels, immer spät abends, waren schon sehr interessant. Da nahm auch dein Freund, der Kardinal, teil und wir haben uns mehrere Male in den Pausen unterhalten, bevor er sich dann zum Gebet zurückgezogen hat."

„Was? Der gute Stephan macht mit der Astronomie nun doch ernst."

„Ja doch, das hast du in dem übertragenen Sinne richtig formuliert. Ich habe ihm bei den Beobachtungen am Fernrohr angesehen, dass er sehr ernst wirkte, so nachdenklich. Selbstverständlich musste er die unbeschreiblichen Eindrücke von dem grenzenlosen, geheimnisvollen Universum erst mit seinen christlichen Thesen verarbeiten. Aber ich glaube nicht, dass es ihm das während des Seminars gelungen war. Er wirkte eher bedrückt."

„Die Kirche macht sich es sowieso zu einfach. Egal, was da draußen erscheint oder passiert, der liebe Gott ist dafür verantwortlich", meinte dazu Richards Vater.

„Den Eindruck hatte ich beim Kardinal während des Seminars eigentlich nicht. Er nimmt es, wie du schon vorher erwähnt hast, ziemlich ernst."

„Ich weiß zwar nicht, auf welche Sternbilder ihr das Fernrohr in der Vatikanischen Sternwarte gerichtet habt, aber auch nur die ganz normalen Einblicke in das uns nahe Universum bringen die meisten Menschen erst zum Staunen und dann zum Nachdenken."

„Vati, du hast wie immer recht. Ich habe den Kardinal am Seminarende um die Vermittlung für die Genehmigung zum Besuch des Vatikanischen Geheimarchivs gebeten. Er hatte es mir schon mal angeboten, falls ich es brauchen werde. Nun bin ich so weit. Ich muss schauen, ob ich dort weiterkommen könnte. Das versprach er mir zu erledigen und ich soll dir auch recht herzliche Grüße von ihm ausrichten, was ich hiermit tue."

„Ich werde Stephan schon anrufen und mich bei ihm bedanken, dass er dir mit dem Eintritt in das Archiv behilflich war …"

„Danke."

„Lass mich ausreden", setzte Richards Vater fort, „wo wir gerade sprechen, Chiara macht mir Sorgen, sie bräuchte dringend eine Aufmunterung. Ich habe sie unlängst in der Stadt getroffen, sie war ziemlich depressiv. Mit weiteren Prüfungen an der Uni konnte es nicht zusammenhängen, da hat sie noch Zeit."

„Vati, ich habe es auch schon bemerkt, wir telefonieren gut zwei bis dreimal in der Woche miteinander und meistens über Skype. Die Trennung belastet uns schwerer, als wir dachten. Da habe ich auch schon überlegt, Chiara teilweise die wahren Gründe unserer geheimen Mission zu erklären. Doch ich fürchte, sie liebt Abenteuer und ist sehr impulsiv. Sie hätte bestimmt das Studium unterbrochen oder geschmissen und wäre als Nonne verkleidet hierher gefahren, um mir bei der Suche nach der Geheimkammer behilflich zu sein."

„Tue das lieber nicht. Du hast recht, sie wäre als eine hübsche

Nonne für euch Gardisten eine echte Gefahr", meinte Vater und lachte leise dazu.

„Da wäre vielleicht ein Wochenendtrip à la Dolce Vita mit Sommernacht in Rom, hilfreich. Ich werde Chiara einladen. Könntest du ihr bei der Gelegenheit ein Flugticket schenken? Wir Gardisten verdienen nicht so viel."

„Du übertreibst, aber das wäre das Kleinste, was ich für euch tun könnte. Mach mit ihr einen Termin aus und melde dich dann wieder."

„Danke Vati, so machen wir es."

13. Richard im Geheimarchiv

Seit langem regte das Vatikanische Geheimarchiv die Fantasie der Menschen aller Gruppierungen an, die dort dunkle Geheimnisse vermuteten. Und es ist auch tatsächlich so, dass das Archiv verschiedene bedeutende Dokumente aus mehreren Jahrhunderten aufbewahrt. Das Geheimarchiv schließt an die Vatikanische Apostolische Bibliothek bindig an, allerdings in schlichteren, zweckmäßig eingerichteten Räumen. Es werden nur wenige und dann auch nur noch ausgesuchte Wissenschaftler reingelassen.

„Das war einer der ganz großen Prominenten, der für Sie ein gutes Wort eingelegt hatte", begrüßte der Archivar den Richard bei der Anmeldung.

„Dafür werde ich mich bei Kardinal Clements noch persönlich bedanken."

„Ja, und der Kardinal sagte, dass Sie sich hauptsächlich für die Astronomie-Geschichte interessieren. Viele diesbezügliche Schriften finden Sie ganz hinten rechts in dem Sektor A und zahlreiche Schriften über die Archäologie finden Sie in den Regalen gleich daneben. Selbstverständlich stehen Ihnen auch alle anderen Thematiken in den unendlich langen Regalen zur Verfügung", sicherte der Archivar dem Richard zu und gab ihm den Eintrittsberechtigungsschein mit.

„Vielen Dank, mein Vater war auch schon hier im Archiv, er ist Professor der Astronomie und er hatte mir Etliches zum Durchblättern empfohlen", erklärte Richard dazu und ging langsam in die Richtung zum Sektor A.

Nun kamen ihm auch wieder seine Erfahrungen, die er bei der Security-Firma gesammelt hatte, bevor er nach Rom gefahren war, zugute. Er schaute sich unauffällig nach Sicherheitsvorkehrungen um. Er wusste, wo man solche Überwachungsanlagen diskret installiert, doch er konnte in dem Raum nichts Vergleichbares finden. Es konnte auch sein, dass man darauf verzichtete, weil man nur ausgesuchten Wissenschaftlern den Zutritt gewährte.

Auch für seine spezielle Untersuchung konnte Richard keine verdächtigen Anhaltspunkte feststellen. Die großen massiven Regale könnte man nicht so einfach zur Seite schieben, oder schwenken und damit etwa Durchgänge schaffen und freimachen.

Leicht enttäuscht landete Richard vor den Bücherregalen über die Astronomie. Gleich das erste Buch, was ihm in die Augen fiel, war die erstaunlich gut erhaltene Ausführung mit der Überschrift: „Wo war der Sirius?" Sein Vater hatte das ungewöhnliche Phänomen auch schon erwähnt, dass der Fixstern tausende von Jahren von der Erde gar nicht zu sehen war.

So suchte Richard emsig weiter, nahm auch einige Bände heraus und tastete hinter den Schriften. Leider ohne Erfolg. Doch dann fiel ihm ein ungewöhnlich dickes Buch mit oben eingerissenem Rücken auf. Richard achtete nicht mal auf den Titel, denn, als er das Buch herausnahm, blitzte hinten in der Lücke etwas Helles.

Eine Pergamentrolle kam zum Vorschein. Eine interessante Schriftrolle als Abdruck einer kleinen Tontafel. Einer Keilschrifttontafel. Die Keilschriftüberlieferung konnte Richard leider nicht entziffern, da hätte er die digitale Keilschriftdatenbank gebraucht.

Das wäre was für die Wissenschaftler, die sich mit den alten Sumerern und ihren Schriften beschäftigen. So wie auch mein Vater, meinte Richard in Gedanken. Als er die Schriftrolle losließ, rollte sie sich von alleine wieder zusammen. Der Durchmesser und die Länge der Rolle entsprachen etwa seinem Unterarm. Da kam ihm eine Idee.

Richard schaute sich vorsichtig um. Seine Leserbank war vom Standort des Archivars nicht einsehbar und auch sonst war niemand in der Nähe. So krempelte er seinen linken Hemdärmel hoch und rollte die Papyrusschrift auf seinen Unterarm auf. Mit dem heruntergezogenen Ärmel deckte er alles wieder zu.

Er wollte nicht klauen, er wollte die Schriftrolle auf der Stube kopieren und dem Vater zur Einsicht per E-Mail senden. Offiziell hätte er bei dem Archivar schon ein Problem, es wäre nur schwer zu erklären, wo er die Schriftrolle fand. Die war ohne Evidenznummer und hinter den anderen Schriften versteckt. Wie sollte er es dem Archivar klar machen, was er hinter den Büchern suchte? Im Prinzip ging es nur um eine andere Art der Ausleihe. Morgen würde er die Schriftrolle wieder in das Versteck zurückbringen.

Um eine gewisse normale Besucherzeit einzuhalten, schaute sich Richard in den angrenzenden Bücherregalen um. Da fand er auch etliche sehr interessante Schriften. Von der Antike mit den Pharaonen, über Mittelalter mit den rätselhaften Tempelrittern, die auch der damalige Papst mit dem französischen König bekämpft hatte, über die Kreuzzüge, bis in die Neuzeit. Er fand auch einige interessante Antike-Weltkarten. Eine wurde sogar einige hundert Jahre vor unserer Zeitrechnung zusammengestellt. Es waren echte Kunstwerke, doch da ging es eher um ein religiöses Weltbild als um ein getreues Abbild der Erde. Das alles betrachtete Richard zwar mit Interesse, aber eigentlich nur am Rande.

Doch die aufgerollte Papyrusschrift brannte auf seinem linken Unterarm bildlich vor Neugier. Er musste sie so schnell wie möglich dem Vater übermitteln, um zu erfahren, warum gerade diese Schriftrolle so raffiniert versteckt worden war und was für Geheimnisse sie vermitteln konnte.

Auf der Stube war er ungestört alleine. Er kopierte die Schriftrolle am Drucker und schickte die Datei dem Vater per E-Mail zu. Er vermerkte noch, dass er sich beim Vater noch spät abends melden wird, denn Berni würde erst nach 22 Uhr vom Wachdienst kommen.

Doch es dauerte nicht mal eine knappe halbe Stunde, da meldete sich schon Vater selbst leicht aufgeregt: „Kann ich reden?"

„Ja, was sagst du dazu?", fragte Junior, genauso ungeduldig.

„So, wie ich es auf den ersten Blick beurteilen kann, ich beherrsche die sumerische Keilschrift noch nicht perfekt, ist es eine echte Sensation. Das muss die Abschrift einer uralten sumerischen Tontafel sein. Da wird eine moderne Technologie, unter anderem auch Flugapparate oder so was Ähnliches, beschrieben. Aber ich lasse es noch komplett von einem Spezialisten übersetzen."

Diesmal blieb Richard nicht lange in dem Geheimarchiv, denn sein Vater teilte ihm per SMS mit, dass er für ihn neue Erkenntnisse habe und abends anrufen werde.

Richard deponierte unbemerkt die „ausgeliehene" Papyrusrolle an ihrem alten Platz hinter der Schriftreihe. Er war dadurch sichtbar erleichtert, tastete jedoch die ganze Reihe vorsichtshalber noch ab, doch er fand nichts mehr.

Kaum war Richard auf der Stube angekommen, meldete sich schon sein Vater am Handy und er kam auch gleich zur Sache: „Schade, dass es sich bei dem Abdruck einer mit Keilschriftzeichen beschrifteten Tontafel, den du gefunden hast, nur um ein Bruchstück handelt, denn die Überlieferung ist brisant. Wie ich dir schon gestern gesagt habe, es wird dort ein Flugverkehr beschrieben. Und zwar Flugverkehr zwischen dem Oben-Gerät, also einer Raumstation, und der Erd-Basis, mittels eines auf- und absteigendem kleineren Gerät, also einem Zubringerschiff, entsprechend dem heutigen Spaceshuttle …"

„Fantastisch!" Richard-junior konnte sich vor Freude gar nicht mehr zurückhalten.

„Zwischen der Erd-Basis und dem oben schwebenden Gerät gab es Funkverbindungen. Die kleine Gruppe der Sumerologen an unserer Uni, die ich darüber informiert habe, war total begeistert. Da wird vor mehr als 4000 Jahren von einer Priesterin unsere heutige Technologie zwar bildlich, aber ganz präzise beschrieben. Sogar mit der Herstellung von Treibstoff für die Flugobjekte, es könnte so eine Art von Bioethanol sein."

„Das ist ja kaum vorstellbar", kommentierte Junior weiter begeistert Vaters Erläuterungen.

„Mein Kollege, der die Tafel genau übersetzt hat, war ganz scharf darauf zu erfahren, von wo ich die Kopie des Abdrucks erhalten habe. Wir halten derzeit Verbindungen zu zwei Ausgrabungsstätten im Irak, aber von dort kam sie nicht, meinte er. Ich habe ihm gesagt, dass er das noch früh genug erfährt und dass es noch nicht spruchreif ist."

„Gab er sich damit zufrieden?"

„Was blieb ihm anderes übrig? Für dich ein dickes Lob. Das war schon eine exzellente Arbeit. Wie geht es nun bei dir weiter?", wollte Vater noch wissen.

„Ich versuche, in dem Geheimarchiv noch weitere Bereiche durch zu stöbern. Aber mein erster Eindruck ist, dass ich dort keinen Eingang oder Durchgang in die gesuchte Geheimkammer finden werde. Der Raum ist ziemlich schlicht, ohne Nischen aufgebaut, mit massiven und nur schwer beweglichen Bücherregalen."

„Du tust es gut, mach weiter so!"

„Mach ich."

„Und noch was, hast du schon mit Chiara einen Besuchstermin ausgemacht?"

„Noch nicht, ich wollte sie heute Abend anrufen. Am besten wäre es, wenn auch du die Zeit zu dem Wochenendtrip finden würdest, du könntest auch deine Schachdame mitnehmen", meinte Junior amüsiert, es klang sogar leicht ironisch, obwohl er es gar nicht so gemeint hatte.

„Das musste ja kommen, mal sehen, was man tun kann", überging Richards Vater großzügig die spitzigen Andeutungen seines Sohnes.

„Was hast du heute noch vor?", fragte Berni Richard, als sie sich nach dem Wachdienst am frühen Nachmittag auf der Stube trafen.

„Ich war die ganze Woche schon nach dem Dienst in dem Geheimarchiv und dort will ich noch einige Bereiche durchschauen."

„Was, in dem Geheimarchiv? Wie bist du da reingekommen? Du hast doch gar keinen Uniabschluss und auch keinen Forschungsauftrag. Da hat dein Mäzen mit Sicherheit wieder nachgeholfen. Na ja ..."

„Falls du den Kardinal Clements meinst, ja, der hat es befürwortet und ermöglicht. Und ich bin ihm sehr dankbar dafür. Ich habe schon ein paar interessante Schriftsachen dort gefunden. Du hattest im Winter sicher schon das Sternbild Orion und den strahlenden Sirius angeschaut. Weiß du, dass der Sirius tausende von Jahren von unserer Erde gar nicht zu sehen war?"

„Da hatte er aber eine komische Umlaufbahn gehabt. Ich war immer der Meinung, dass es sich um einen Fixstern handelt." Irgendetwas passte Berni an der ganzen Sache nicht. Er überlegte kurz, dann wandte er sich Richard wieder zu: „In dem Geheimarchiv bleibst du etwa so bis zum Abendessen. Könnten wir uns nachher bei einer Schachpartie treffen? Wir haben schon lange nicht gespielt, nicht, dass wir es noch verlernen."

Richard wollte heute unbedingt noch Chiara anrufen, aber das konnte er noch anschließend tun. „Gut, bereite alles dazu vor."

Ziemlich enttäuscht ließ sich Richard auf der Stube in den tiefen Klubsessel fallen. Es war ihm klar, dass die Untersuchung in dem Geheimarchiv eigentlich seine letzte Hoffnung war, eine Geheimkammer zu finden. Doch bisher konnte er nicht das kleinste Anzeichen vorweisen. Gar keinen Anhaltspunkt.

So fand ihn Berni kurz vor dem geplanten Schachspiel vor: „Was ist los mit dir?"

„Ich bin zermürbt."

„Dann komm, das Spiel bringt dich bestimmt auf andere Gedanken", animierte Berni Richard und bereitete das Schachspiel vor.

Die weißen Steine bekam diesmal Berni zugelost und er eröffnete das Spiel mit dem Königsbauerzug auf e4. Darauf antwortete Richard sofort mit dem Zug auf e5 und leitete damit die Spanische Partie ein. In dem weiteren Verlauf, der bis dahin ziemlich ruhigen Partie ging Richard in die Tschigorin-Verteidigung über. In solchen Begegnungen führte Weiß einen Angriff auf dem Königsflügel durch, dagegen versuchte Schwarz seinen Raumvorteil am Damenflügel für die Verteidigung auszunutzen.

Aber irgendetwas stimmte im heutigen Spiel mit Richard nicht. Es fiel ihm schwer, sich zu konzentrieren, sein Kopf brummte.

Und so kam es, wie es kommen musste. In einer komplizierten Stellung wusste Richard nicht, ob er den richtigen Zug tat, er verließ sich nur auf seine Intuition. Doch plötzlich stutzte er, dann erkannte er den Fehler und blickte ratlos auf das Schachbrett.

„Verflixt, was habe ich in der Kombination verwechselt? Habe ich die Variante falsch berechnet?", schoss ihm durch den Kopf und blieb fast regungslos sitzen. Richard war mit seinen Gedanken ganz woanders, er hatte den gegnerischen Angriff total unterschätzt. Wie hatte es nur passieren können? Er befand sich in einer ausweglosen Lage. Nun brach sein Verteidigungssystem zusammen. Er fand dagegen keine Abwehrmöglichkeiten mehr.

Richard nickte anerkennend Berni zu, reichte ihm die Hand zu dem ersten Sieg und blieb noch eine Weile am Schachtisch schweigend, tief in seine Gedanken versunken, sitzen.

Dann erinnerte sich Richard, dass er noch Chiara anrufen wollte. Am Bildschirm erschien sie gut gelaunt. Sie kam gerade von einer Geburtstagsparty und die gute Stimmung hatte sie auf ihre Studentenbude mitgenommen.

Die verliebten jungen Menschen brauchten sich nicht viel zu erzählen, sie sahen sich mit sehnsüchtigen Blicken nur länger an.

„Wann könntest du wieder nach Rom kommen?", unterbrach dann Richard die Stille.

„In den nächsten drei Wochen geht das leider nicht. Wir haben gerade den Praxisunterricht im Krankenhaus angefangen. Das ist sehr wichtig, Vielleicht danach. Und wie war es bei dir in der Sternwarte?"

„Das war fantastisch, den Sternen und dem Himmel so nah zu sein. Die Sternwarte ist hier ausgestattet mit neuen Fernrohren von wesentlich größerer Brennweite als bei uns zu Hause. Und der Kardinal Clements machte das Astroseminar auch mit und nachher ermöglichte er mir, die Schriften in dem Geheimarchiv zu studieren."

„Ja, er war bei meinem ersten Besuch in Vatikan sehr nett", stimmte Chiara zu.

„Und das Neueste, gerade habe ich die erste Schachpartie gegen Berni verloren", klagte noch Richard.

„Na ja, was sagt ihr, du und dein Vater, immer? Man muss auf die Damen stets gut aufpassen!" Sie schmunzelte schelmisch, mimte eine Umarmung und schickte ein paar dicke Küsschen ihrem Richard zum Trost zu.

14. Die kleine Kirche

Mitten in der Nacht war Richard plötzlich hellwach. Er besann sich darauf, weshalb er eigentlich hierher, in den Vatikan, gekommen war. Doch er verspürte eine tiefe Leere, als er an die Ereignisse der vergangenen Tage zurückdachte. Die anfängliche Euphorie war durch die bisherigen Misserfolge fast verflogen. Seit Wochen suchte er nach der Geheimkammer in den Museen, in den Bibliotheken, sogar in dem Geheimarchiv und rundherum, bisher allerdings ohne Erfolg. Richard musste sich wieder fangen, sich neu orientieren.

Irgendwann, erst bei der Morgendämmerung, war Richard eingeschlafen. Für heute, nach dem Wachdienst, hatte er sich den erneuten Besuch der kleinen Kirche Santo Stefano Abissini vorgenommen.

Ein nahezu übersinnlicher Instinkt führte Richard wiederum in die kleine Kirche, die zuletzt so eine erholsame Ruhe auf ihn ausgestrahlt hatte. Als er sich spät nachmittags in das alte Gotteshaus einschlich, schickte die schon tief stehende Sonne die letzten Strahlen durch das Fenster über dem Eingang und beleuchtete die rechte Wand neben dem Altar. Dort hing ein übergroßes Ölgemälde eines alten Aristokraten. Wahrscheinlich war er es, der vor ein paar hundert Jahren die Kirche aufbauen ließ. Auf dem Bild saß ein älterer, nobel gekleideter Herr stolz in den Raum blickend bequem im Sessel, die Hände waren in den Schoß gelegt. Und gerade die linke Hand des Herrn erregte Richards ganze Aufmerksamkeit. Da blitzte durch das einfallende Sonnenlicht ziemlich unnatürlich ein großer Ring auf. Richard kniff die Augen zusammen, denn die Sonne ließ den Ring richtig erstrahlen.

Nachdem er sich vergewissert hatte, dass der Messdiener abwesend war, ging Richard näher heran. Der Edelstein in der massiven goldenen Fassung gab nun die Strahlen schon wesentlich schwächer ab. Erst aus der unmittelbaren Nähe wurde es deutlich erkennbar, dass der quadratische etwa zwei mal zwei Zentimeter große Ring mit dem hellblauen echten Topas in der Fassung nicht mit dicken Ölfarben aufgemalt, sondern in das Bild integriert und mechanisch ganz präzise aufgesetzt war!

Richard hatte die kleine Kirche schon zweimal zu unterschiedlichen Zeiten besucht. Es war für ihn jedes Mal ein prächtiger Anblick gewesen. Der Innenraum der Kirche war stets durch das Sonnenlicht durchflutet, doch dieses Phänomen mit dem Gemälde war ihm noch nie aufgefallen.

„Interessant, gar unheimlich und raffiniert zugleich von dem damaligen Künstler", meinte Richard dazu und nickte anerkennend mit dem Kopf. Doch er musste sich dann ziemlich strecken, um den so außergewöhnlichen Ring anzufassen. Der Ring gab leicht abfedernd nach, als wenn er wie eine Taste bei elektronischen Geräten funktionieren würde. Doch Richards Neugier war jetzt nicht mehr zu bremsen, er drückte noch fester mit leicht zitternder Hand auf die viereckige Fassung mit dem Edelstein und erschrak zugleich, denn hinter der Sakristei schepperte es gewaltig. Gleichzeitig vernahm Richard ein lautes metallisches Klirren.

Der überraschte Richard blieb leicht verwirrt stehen, darauf war er nicht vorbereitet gewesen. Nach einem Moment der Unsicherheit, als er sich leicht beruhigt hatte, schaute er nach, was den Krach und die lauten Schiebegeräusche verursachen konnte. Die Geräusche tat nicht die Bodenplatte, denn die wurde leicht angehoben und schwenkte zur Seite ab, sondern ein schmiedeeiserner Kerzenständer, der dort aufgestellt und durch die Bewegung der Platte umgefallen war. Einige Sekunden lang stand Richard staunend nur da, unfähig, überhaupt irgendwie zu reagieren, doch dann schrie er vor Begeisterung auf. Ein feinmechanischer, genial ausgetüftelter Mechanismus hatte die Bodenplatte angehoben und zur Seite gedreht. In der somit entstandenen viereckigen Öffnung, die gerade ein Mann passieren konnte, erschien eine steile Treppe nach unten.

Es gibt Augenblicke, die man zu dem Zeitpunkt des Geschehens gar nicht voll wahrnehmen kann, da sie so unerwartet kommen. Richard betrachtete die dunkle Öffnung im Boden, die auf ihn eine sonderbare Anziehungskraft ausübte, mit leuchtenden Augen. Er stand nun da und überlegte, als wäre er hypnotisiert. Doch nicht allein dies ließ ihm den Atem stocken, sondern erst die Feststellung, die ihm schließlich triumphierend durch den Kopf blitzte: „War das womöglich schon die so gesuchte Geheimkammer?" Das heiß ersehnte Ziel rückte somit in eine greifbare Nähe.

Eine Weile stand Richard noch unschlüssig da, er traute sich nicht gleich in die Dunkelheit rein. Doch die Neugier siegte, er ließ sich nicht so schnell, nicht so leicht von seinem Vorhaben abbringen. Richard verspürte einen unwiderstehlichen Drang in sich und tastete sich ganz vorsichtig Stufe für Stufe hinunter, aber er kehrte nach ein paar Treppenstufen wieder zurück. Er lauschte in die unheimliche Stille da unten, doch in der Tiefe war es nur stockfinster, er sah überhaupt nichts. Richard tappte wortwörtlich im Dunkeln. Katzenaugen müsste man haben, wünschte er sich in dem Moment. Nur ein leichter, kaum definierbarer fremdartiger Duft, der den Weihrauchgeruch in der Kirche übertönte, reizte seine Nase.

Kam ihm etwa ein Hauch der Vergangenheit entgegen? Oder waren es vielmehr die hundertjährigen Schriften, die einen leicht muffigen Akzent weitergaben?

Richard hatte sein Handy nicht dabei, er musste es sowieso ausgeschaltet halten, um eventuell nicht aufzufallen, so suchte er nach einer Kerze. Vorne am Altar hatte er auch welche gefunden, leider gab es nirgendwo Streichhölzer zu finden.

So musste er die magische Anziehungskraft des Raumes da unten überwinden. Er tat es nur ungern, aber es hätte gar keinen Sinn gehabt, in der Dunkelheit herumzuirren. Enttäuscht ging Richard zurück zu dem geheimnisvollen Bild, das jetzt ohne die vorherige Sonneneinstrahlung schon ziemlich blass aussah. Kein Wunder also, dass ihm der Ring bei dem früheren Besuch überhaupt nicht aufgefallen war. Er konnte sich nicht mal an das Bild erinnern.

Richard betätigte vorsichtig die Ringfassung, er drückte drauf und fast gleichzeitig hörte er wieder die Schiebegeräusche von hinten, hinter der Sakristei, diesmal ohne das große Scheppern. Er schaute nach, an dem Steinboden war nichts zu merken. Die Umrandung der Bodenplatte war konisch abgeschliffen, sodass die Platte bei Rückbewegung auf den Kirchenboden einwandfrei sauber aufsetzte und kein sichtbarer Spalt blieb. Die Steinplatte selbst war dick genug und klang auch nicht mal hohl, nach dem leichten Klopfen. Sogar bei starkem Drauftreten merkte man überhaupt keinen Unterschied zu den Platten daneben.

Aufgrund dieser so präzisen Ausführung hätte niemand auch nur annähernd auf die Idee kommen können, dass sich darunter ein Loch oder genauer noch ein Zugang zu weiteren Räumen befindet. Deswegen konnte es auch so lange unentdeckt bleiben.

Richard stellte den Kerzenständer wieder auf, diesmal neben der Bodenplatte und mit einem Taschentuch wischte er die Wachsstreifen vom Boden, die die Kerze hinterließ, als sie von dem Ständer herunterflog. Er nahm sich vor, beim nächsten Besuch eine große Taschenlampe, oder eine Akkubeleuchtung zu besorgen. Am liebsten wäre er jetzt gleich noch in die Stadt, in einen Baumarkt rausgelaufen, doch zeitlich war es allerdings nicht mehr möglich.

Trotzdem hatte Richard eigentlich noch viel Glück, gerade als er um die Ecke einbiegen wollte, sah er noch im Blickwinkel den alten Messdiener, wie er zu der Kirche schlenderte. Kaum vorstellbar, wenn der Messdiener etwa um eine Viertelstunde früher aufgetaucht und Richard vor dem Loch im Boden hinter der Sakristei erwischt hätte. Da hätte Richard weitere Untersuchungen dort unten eigentlich gleich vergessen können, denn er wollte keinesfalls den Messdiener in sein Vorhaben einweihen. Das wäre ihm zu riskant gewesen, der soff und redete zu viel.

Aber so war es gut, denn die beinahe Begegnung mit dem Messdiener machte Richard darauf aufmerksam, dass er den nächsten Besuch vorsichtiger planen musste. Nun musste er an der Treppe unten nach einem Schalter suchen, mit dem man die Öffnung in der Decke wieder zuschließen konnte. Es musste doch einen geben. Musste es? Falls es sich hier um die Geheimkammer handelte, hatte diese damals der Messdiener nur unter Kerzenbeleuchtung gesehen.

Gleichzeitig schoss Richard die Frage durch den Kopf, ob der Messdiener von diesem Eingang nach unten überhaupt gewusst hatte. Vielleicht war da unten nur ein Weinkeller, aus dem sich der Priester nach und nach immer seinen Messwein holte. Allerdings passten der ganze Aufwand und besonders die eigenartige kunstvolle Tarnung überhaupt nicht zu einem gewöhnlichen Weinkeller. Da käme eine Krypta schon eher und auch wahrscheinlicher in Frage, auch als Vorraum und Gang weiter zu den Katakomben. Das hätte Richard gerne gewusst, deswegen musste er das auch bald aufklären. Dazu braucht er auch noch den genauen Tagesablauf des Messdieners, wann und für wie lange er die Kirche verließ. Diese Untersuchung hatte er sich auch als den nächsten Schritt vorgenommen.

Dann war es so weit. Mit einer Taschenlampe bewaffnet stand Richard wieder hinter der Sakristei der kleinen Kirche und schaute erwartungsvoll in die Dunkelheit da unten. Eine Weile stand er nur da, als wenn er sich nicht trauen würde, weiterzugehen. Denn wiederum schien etwas Unheimliches von der Öffnung, von da unten, auf ihn zuzukommen. Richard schüttelte das sonderbare Gefühl ab und stieg auf die Metalltreppe. Später konnte er allerdings gar nicht sagen, was ihm vor dem fast entscheidendem Moment alles durch den Kopf gegangen war.

Als Richard mit dem rechten Fuß die zweite Stufe berührte und mit seiner starken Batterielampe den Untergrund beleuchtete, da erschien in dem Lichtkegel ein schmaler kurzer Korridor, der in einen kleinen Marmorsaal führte. Er wollte schon jubeln, denn es war doch kein Weinkeller. Aber es war schon ein Wagnis, als Richard mit der Taschenlampe in der linken Hand die steile eiserne Treppe weiter herunterstieg. Vorsichtig suchte er an der Decke neben der Treppe und in der Nähe des Durchbruchs nach einem Schalter, um den Eingang wieder schließen zu können. Doch weit und breit war nichts Ähnliches zu finden. Erst als er hinauf auf die Innenseite der Treppe schaute, meinte er, dass die kleine schwarze Blechkiste, neben dem Hubmechanismus für die Abdeckung, dazu dienen könnte.

Dabei musste sich Richard allerdings seitlich um den Treppenrahmen drehen und sich mit der Hand, in der er auch noch die Taschenlampe hielt, irgendwie festhalten. Er zog die Schulter hoch und schließlich konnte er mit der gestreckten freien Hand fast bis zu der leicht gewölbten Decke hinaufgreifen.

So kam es, wie es vorprogrammiert kommen musste. Richard verlor die Balance und rutschte ziemlich unglücklich ab. Reflexartig wollte er sich noch festhalten, doch er flog seitlich rückwärts herunter. Dabei fiel er unsanft mit dem Rücken auf den Boden und prallte mit dem Hinterkopf an die Wand. Einen Augenblick rang Richard nach Luft. Er war schon knapp davor, das Bewusstsein zu verlieren. Die Welt um ihn herum versank im Dunkel. Er tappte nun auch buchstäblich im Dunkeln, denn bei dem Fall hatte er die Taschenlampe verloren, die noch dazu bei dem Aufprall ganz auseinanderbrach.

Als Richard wenig später noch leicht desorientiert und benommen langsam zu sich kam, schaute er in das besorgte Gesicht von Berni und brauchte eine ganze Weile dazu, die Erinnerungsbruchteile einigermaßen wieder zusammenzufügen. Dann war es Richard wieder klar, wo er sich befand und auch warum. Unklar blieb ihm eigentlich nur die Anwesenheit von Berni, der nun in dem spärlichen Licht seines Handys danebenstand und Richard einen forschenden Blick zuwarf.

„Was machst du denn hier? Wie kommst du überhaupt hierher?", fragte Richard erstaunt und brachte die Sätze ziemlich mühsam vor.

„In der letzten Zeit habe ich den Eindruck gewonnen, dass deine sämtlichen Untersuchungen einen tieferen Grund haben müssen. Ich bin schon ein paar Mal deine geheimnisvollen Wege nachgegangen. So sei froh, dass es auch heute der Fall war und dass ich dich hier so schnell fand und nicht der Messdiener oder einer von den Priestern, die hier in der Kirche auch mal die Gebetsstunden abhalten. Wir müssen reden, denn dieser Vorfall wirft ein neues, ein anderes Licht auf deine Unternehmungen, aber das hier ist nicht gerade der beste Ort dazu. Außerdem musst du dich auch wieder erholen, denn wie ich sehe, bist du irgendwie abgestürzt und hast du dich am Kopf verletzt", meinte Berni und half Richard aufzustehen.

Auch bei dem Ausstieg durch die schmale Öffnung in dem Kirchenboden benötigte Richard bedingt Bernis Hilfe.

Doch wenig später staunte wiederum Berni nicht schlecht, denn Richard schleppte sich zu dem großen Bild des Aristokraten an der Seitenwand neben dem Altar und drückte den goldenen Ring an dessen Hand. Fast gleichzeitig brummte es hinter der Sakristei und das viereckige Loch schloss sich reibungslos und nahtlos wieder.

„Fantastisch! Wie hast du das nur herausgekriegt?", fragte der technisch ziemlich begabte Berni beeindruckt, nachdem er nachgeschaut und überprüft hatte, was sich da hinten so abspielte. „Ich war auch schon mal hier, doch der aufgesetzte Ring in dem Bild ist mir überhaupt nicht aufgefallen."

„Glaubst du an Zufälle?"

„Nicht unbedingt", meinte Berni und drängte dabei Richard zum Kirchenausgang. „Nun komm schon, wir sollten uns hier nicht unnötig von dem Messdiener erwischen lassen. Wir können uns später noch ausführlich darüber unterhalten."

Draußen vor der Kirche blickte Richard auf die Kirchturmuhr und stellte fest: „Zu dieser Zeit ist der Messdiener fast immer in der Stadt."

Das war schon beruhigend, doch als Berni den immer noch leicht taumelnden Richard so musterte, fragte er vorsichtshalber nach, ob Richard so weit in Ordnung war oder ob sie doch die Krankenstation aufsuchen sollten. Nachdem Richard meinte, dass es schon geht, schlug Berni vor, auf dem Weg zu ihrer Stube noch die Kantine aufzusuchen. Ein starker Kaffee tue oft wunder. Richard war damit einverstanden, doch er spürte stets Bernis durchdringenden Blick, allerdings diesmal eher gefüllt mit der Sorge um Richards Gesundheit.

Sie legten den Weg zu der Gardisten-Kantine ohne ein Wort miteinander zu wechseln zurück und auch dort schlürften die beiden den ausgezeichneten italienischen Café Crema die ganze Zeit schweigend, jeder in seinen eigenen Gedanken verloren.

Und Richard hatte sich tatsächlich schnell erholt, die leichte Kopfverletzung hatte sein Verhalten nicht beeinträchtigt, sodass Berni die Unterhaltung mit vielen offenen und konkreten Fragen auf der Stube fortsetzen konnte. Er wartete schon mit einem Haufen von Fragen.

„Richard, ich glaube, du bist mir nun eine Erklärung schuldig. Mir war es schon längere Zeit klar, dass für dich hier der Dienst in der Schweizergarde eigentlich zweitrangig war. Du erfüllst die Aufgaben der Wachmannschaft zwar ausgezeichnet, doch das alles dient eher nur als notwendiger Zweck zu …"

Berni konnte seinen Satz nicht zu Ende führen, denn er wusste es nicht. Er überlegte kurz, um seinen Gedankengang fortzusetzen: „Siehst du, deine seltsamen Wege und alle deine Bemühungen, die ich bis jetzt so aufgeschnappt habe, waren für mich schon immer ein Rätsel. Ich konnte es bisher nicht definieren und den Grund, wozu es dienen soll, nicht herausfinden. Ich weiß es immer noch nicht, was du mit deinen diversen Untersuchungen in der Bibliothek, im Archiv, in den Museen, sogar auch hier in der kleinen Kirche und an vielen anderen historischen Orten im Vatikan bezweckst. Da ich mir zunächst nicht sicher war, ob meine Beobachtungen etwa nur auf Zufällen basierten, wollte ich dich damit nicht konfrontieren. Aber nun wären es viel zu viele Zufälle. Was du beabsichtigst zu erreichen? Das muss doch mit Sicherheit einen viel tieferen Grund haben und dient wahrscheinlich der Verwirklichung eines bestimmten Projektes."

„Da hast du ja nicht mal unrecht, auch wenn du das ein bisschen dramatisierst." Verlegen begann Richard die Problematik zu erklären, er zögerte lange, sehr lange mit seiner Antwort. Dann versuchte er die Wogen zu glätten, denn die ganze Wahrheit wollte er Berni nicht preisgeben, auch keine Tatsachen und nähere Erklärungen. Richard bemühte sich um einen vertraulichen Ton und schilderte in groben Zügen: „Lass mich ein paar Dinge klarstellen. Meine Hauptinteressen galten schon immer der Astronomie. Mein Vater meinte, nach seinem ersten Besuch hier, dass in den Vatikanischen Bibliotheken sicher Schriften sind, die man an den europäischen Universitäten nicht finden kann. Ich sollte versuchen, an solche Schriften oder Bücher ranzukommen und zu untersuchen, ob die für uns neue Erkenntnisse beinhalten." Trotz seiner Verlegenheit brachte Richard ein mühsames Lächeln zustande.

Doch Berni merkte die kleine Unsicherheit bei Richard und gab sich mit dieser Antwort, die zwar plausibel klang, nicht ganz zufrieden. Berni ahnte vielleicht, dass dies mit den Bibliotheken nicht der ganz wahre Grund war: „Ja gut, die Erklärung mit der

Astronomie habe ich erwartet, aber du warst außerdem auch schon ein paar Mal hier in der kleinen Kirche und hast du dich rege mit dem alten Messdiener unterhalten. Worüber habt ihr eigentlich gesprochen, über was könnte man sich mit ihm eigentlich unterhalten, der ist doch selten ansprechbar."

Richard winkte ab. „Was gibt es da groß zu erklären? Der Messdiener hat sich früher auch ziemlich intensiv für die Astronomie interessiert. So sind wir eigentlich ins weitere Gespräch gekommen. Er kennt sich besonders bei den Sternbildern gut aus. Allerdings muss man bei den Gesprächen die nüchternen Momente in seinem Tagesablauf berücksichtigen. Und als ich neulich hierherkam, das war ein purer Zufall. Die Kirche war leer und ich kam gerade, als die tief stehende Sonne durch das bunte Fenster den Ring auf der Hand des abgebildeten Aristokraten neben dem Altar hell erstrahlen ließ. Ich war neugierig und schaute mir das aus der Nähe an. Der Ring mit dem echten Stein war nur aufgesetzt und sah wie eine Elektrotaste aus. Die drückte ich dann und hinter der Sakristei schepperte es gewaltig. Auf dem Bodendeckel stand nämlich ein Kerzenständer, der bei der Plattenbewegung umfiel. Erstaunt sah ich das Loch in dem Boden, doch ohne Licht kam ich nicht weiter. Heute wollte ich es mit einer Taschenlampe nachholen und gründlich inspizieren, doch du hast es gesehen, was passiert ist, das ist total schiefgelaufen."

„Macht nichts, wir könnten es gemeinsam irgendwann nachholen, falls es dir passt", meinte Berni beruhigend. „Du kannst mit meiner uneingeschränkten Unterstützung rechnen. Was auch immer dein Motiv sein sollte, mir scheint es eine überaus interessante Sache zu sein. Ich bin zwar ein Patriot und so hat der Dienst in der Schweizergarde für mich stets die Priorität, aber jetzt bin ich so richtig neugierig geworden und möchte feststellen, was für Räume sich da unten versteckt halten. Ich sehe es als ein faszinierendes Abenteuer neben unserer grauen Eintönigkeit beim Wachdienst."

Berni fiel es nicht schwer, sich an diese neue Situation zu gewöhnen. Man spürte in der Spannung ein plötzlich auflebendes Interesse.

Spätestens nach dieser eindeutigen Aussage von Berni wurde es Richard auch klar, dass sich Berni in der Zukunft mit ausweichenden Antworten nicht zufriedengeben würde und dass er ihn mindestens für diesen Bereich der Untersuchungen mitintegrieren müsste. Der Moment, in dem Richard Berni ganz ins Vertrauen würde ziehen müssen, war damit nur hinausgeschoben.

Doch er musste Bernis Euphorie gleich leicht bremsen: „Wir dürfen kein Aufsehen erregen und nach Möglichkeit die Aktion ganz geheim durchführen. Kein Priester und auch unsere Vorgesetzten dürfen nicht mal den kleinsten Verdacht über unsere Nebenbeschäftigung schöpfen."

Die neu entstandene Zusammenarbeit mit Berni wollte Richard unbedingt erst mit seinem Vater besprechen, denn es konnte sein, dass es sich ab jetzt um die wichtigste, um die finale Tätigkeit handeln würde.

15. Was geschah in der kleinen Kirche?

„Vati, ich hoffe, dass du dir für den heutigen Abend nicht deine Schachdame zum Spielen eingeladen hast, denn wir werden anschließend ein bisschen mehr Zeit brauchen, um die anfallende Problematik zu analysieren und die weitere Vorgehensweise zu besprechen. Es ist etwas passiert, was unser Vorgehen bei der geheimen Mission wahrscheinlich zu Änderungen zwingen wird", meldete sich Richard-junior mit einer ernsten Stimme am Telefon.

„Mach es nicht so spannend. Was hast du so Wichtiges? Ich bin heute Abend frei. Zu deiner Beruhigung war ich mit meiner Kollegin erst gestern Nachmittag Kaffee trinken. Es war sehr amüsant", antwortete Vater und Junior konnte leider Vaters Schmunzeln nicht sehen.

Junior versuchte dem Vater in großen Zügen die letzten Ereignisse zu schildern: „Ich habe Fehler gemacht. Hätte ich mit Berni, also mit meinem Zimmergenossen, so zweimal in der Woche Schach gespielt, wäre er beruhigt und hätte vielleicht nicht nachgeforscht, was ich so jeden Nachmittag und Abend nach dem Wachdienst da draußen tue. Nun weiß Berni mittlerweile schon viel zu viel und funkt mir leicht dazwischen, aber warum und wozu das alles dienen sollte, hat er noch nicht herausgekriegt", erzählte Junior mühsam weiter.

„Du brauchst dir keine Vorwürfe zu machen", meinte Vater dazu, „in dieser fremdartigen Welt hast du bisher sehr gut gearbeitet."

„Warte, es wird noch dicker. Ich habe per Zufall in der kleinen Kirche Santo Stefano Abissini, über den Messdiener der Kirche habe ich dir schon bei deinem Besuch hier erzählt, einen geheimen Eingang in den Untergrund entdeckt. Bei dem ersten Erkundungsversuch musste ich es leider abbrechen, da war es da unten stockdunkel und ich konnte nicht mal Streichhölzer finden, um eine Kerze anzuzünden. Das zweite Mal kam ich dann schon mit einer

Taschenlampe bewaffnet. Doch als ich unter der steilen Metalltreppe nach einem Lichtschalter suchte, rutschte ich dummerweise aus und fiel ziemlich unglücklich rückwärts zu Boden …"

„Um Gottes willen, ist dir was Ernstes passiert?", unterbrach ihn Vater besorgt.

„Nein, ich war nur leicht benommen und bis auf die kleine Beule am Hinterkopf bin ich wieder fit. Doch weißt du, wer mich dort unten in diesem Zustand fand? Na klar, Berni. Er ist mir wiederum heimlich nachgegangen. An dem Nachmittag sind wir dann nicht weitergegangen, er hat mich nach draußen geschleppt und auf der Stube eine ganze Menge von unangenehmen Fragen gestellt. Ich beschränkte mich bei der Erklärung nur auf das, was ich nun unbedingt zugeben musste und was eindeutig sichtbar war."

„Ist bei dir nach dem geschilderten Unfall alles in Ordnung oder hast du noch welche Beschwerden? Die Gesundheit geht vor", fragte der Vater immer noch mit einer besorgten Stimme nach.

„Das ist nicht das Problem. Ich bin schon wieder fit. Nur ich vermute und alles sieht danach aus, dass ich in der kleinen Kirche den Eingang zu der ersehnten Geheimkammer oder einem raffiniert getarnten Zugang zu den Katakomben fand. Eine Vermutung bedeutet noch lange nicht, dass es dem auch so sein muss. Aber sollte es sich tatsächlich herausstellen, dass es sich um die gesuchte Kammer handelt, das kann ich dann Berni jetzt, wohl oder übel, nicht vorenthalten. Aber so, wie ich ihn bis jetzt kennengelernt habe, ist er sicher auch neugierig geworden, was sich da unten verbirgt. Er hat sich in diese Richtung auch schon geäußert. Ich glaube, dass ich ihn unausweichlich in diesem Stadium der Untersuchung, vielleicht auch nur schrittweise, je nach seiner Reaktion, in das Geschehen einweihen muss. Sonst könnte ich mich noch verdächtiger machen. Was meinst du dazu?"

„Es war mir klar, dass so eine breit gefächerte Aktion, egal wie man sie durchführt, nicht ganz geheim oder unentdeckt und ohne

Verdächtigungen und Zugeständnisse verlaufen kann. Ein Sachverhalt, der sich jeden Moment ändern konnte. Wir mussten damit rechnen, dass früher oder später etwas passieren würde. Es ist fast unmöglich so eine Mission, so ein Vorhaben, ganz alleine in einer streng bewachten Umgebung zu verwirklichen. Dazu braucht man oft Verbündete, auf die man sich verlassen kann. Falls du Berni vertrauen kannst, wäre er bei den weiteren Untersuchungen sogar als Helfer von großem Nutzen."

Richards Vater dachte kurz nach und setzte gut überlegt fort: „Du hast gesagt, dass Berni schon ziemlich viel weiß. Es ist dann eigentlich ein gutes Zeichen, dass er bisher nur dich damit konfrontiert hat."

„Da bin ich mir so einigermaßen sicher. Berni war bis jetzt eigentlich nur neugierig und hat heimlich nachgeschaut, was ich so in der Freizeit treibe. Er hatte noch keine Konfrontation gesucht. Berni nimmt das eher spielerisch, so als Abenteuer. Falls er seine Verdächtigungen mir gegenüber gemeldet hätte, wäre ich schon längst entweder bei dem Kommandanten oder bei dem Feldwebel vorgeladen", überlegte Junior. „Doch wie sollte es nun weiter gehen?"

„Darauf kann ich eigentlich keine eindeutige Antwort geben. Du musst weiterhin auf deine Vorstellungskraft vertrauen und deinem Gefühl in den bestimmten Situationen folgen. Du sagtest vorher, dass du meinst, dass die entdeckten Räume in der kleinen Kirche vielleicht zu der geheimen Kammer führen könnten. Das wäre die erste aussichtsreiche, die erste ganz heiße Spur in unserem Vorhaben. Über den Eingang dorthin ist nun, zwar ungewollt, aber doch auch Berni informiert. Und es wäre sicher nicht verkehrt, wenn ihr beide zusammen weitere Untersuchungen in der Richtung durchführen würdet. Er könnte dir bei der Aufklärung behilflich sein. Dabei merkst du am besten auch seine Verhaltensreaktionen und sein Vorhaben. Allerdings müssten dann auch bestimmte Regelungen neu getroffen werden. So wie bei Ausgrabungen. Das Restrisiko müssen wir nun leider eingehen." Die Stimme von Richards Vater klang dabei sehr bedächtig.

„Gut, das könnten wir so machen. Ich habe mit Berni die Woche unterschiedliche Dienstzeiten, da könnte ich in aller Ruhe all die Schritte vorbereiten, über die ich ihn noch nicht zu informieren bräuchte. Danke, Vati, die heutige Diskussion, wie du siehst, war schon notwendig und hilfreich. Ich werde dich fortlaufend informieren. Hoffentlich werde ich euch dann nicht beim Schachspiel stören. Mach`s gut", verabschiedete sich Junior.

Als Erstes wollte sich Richard vergewissern, ob der Messdiener von der kleinen Kirche über den Durchgang nach unten in das Kellergeschoss hinter der Sakristei der Kirche Bescheid wusste.

Richard hatte das schmiedeeiserne Tor zu der kleinen Kirche nur angelehnt vorgefunden. An der Schwelle zum Eingang blieb er kurz stehen und schaute in dem lichtüberfluteten Raum nach dem Messdiener. Er fand ihn diesmal vor dem Altar. Der Messdiener kniete schon eine längere Zeit fast unbeweglich auf dem harten Boden. Betete oder meditierte er etwa, oder hatte er wieder mal zu tief in das Weinglas geschaut? Wahrscheinlich beides, denn er hatte Richards Eintritt gar nicht bemerkt.

Erst nach einer Weile, als Richard noch näherkam, drehte sich der Messdiener halb um und dann ertönte seine mürrische Stimme. Er brummte einen Gruß und staunte Richard in stummer Verlegenheit eine Weile an. Doch dann funkelten seine dunklen Augen Richard lebhaft an und er sprach ihn auch ungewohnt freundlich an: „Was führt Sie diesmal zu mir?"

„Sie haben bei unserem letzten Gespräch gesagt, dass das Sternbild an der Tafel, die Ihnen der Bischof zeigte, am ehesten dem Sternbild der Cassiopeia entsprechen würde. Ich habe mir unlängst auch die neueste Sternkarte angesehen. Das Sternbild Cassiopeia ist ziemlich verzweigt und nicht gerade leicht zu merken." Richard räusperte sich ein paar Mal mit Absicht.

„Das dürfen Sie nicht so wörtlich nehmen. Viele Sternbilder sehen sich ziemlich ähnlich. Wie oft habe ich schon bereut, dass ich damals so angeheitert war. Ich hätte so gern die Tafel nochmals zu sehen bekommen, denn sie müsste doch irgendeine Verbindung zu unserem Sonnensystem dargestellt haben. Sonst hätte der Bischof nicht so einen großen Wert darauf gelegt bei der Erklärung, die ich allerdings in dem damaligen Zustand nicht verstanden habe. Ich habe schon oft danach darüber nachgedacht. Doch jetzt muss ich mir was holen."

Danach stapfte der Messdiener langsam hinter die Sakristei, um ein Gläschen Wein zu holen. Als er zurückkam, räusperte sich Richard nochmals, diesmal noch stärker, und bat ihn keuchend auch um ein Glas Wein, da seine Kehle ziemlich belegt sei.

Der Messdiener brummte zwar, dass Alkohol nicht gerade die beste Medizin sei, doch Richard hatte mit seiner gespielten Absicht Glück, da der Messdiener weiter meinte, dass er erst einen Nachschub holen müsste, und er verschwand durch den seitlichen Ausgang in den Nebenraum. Da war es Richard klar, dass die Öffnung hinter der Sakristei definitiv nicht zu einem Weinkeller führte.

Der nachher von dem Messdiener gebrachte Wein war nicht schlecht und Richard schmeckte er nach der Feststellung über den Weinkeller doppelt so gut.

16. Berni und Richard in der kleinen Kirche

Die beiden „Einbrecher" mussten sich allerdings fast eine gute Woche gedulden, bis sie gemeinsam Wachdienst hatten und somit erst in der Freizeit ihre Untersuchungen in der kleinen Kirche fortsetzen konnten, als der Messdiener nachmittags in die Stadt fuhr.

Dann aber waren sie nicht mehr zu bremsen. Während sich Richard in der Kirche noch vergewisserte, dass kein unerwünschter Priester beim Gebet anwesend war, betätigte Berni schon den Zauberring an der Hand des Aristokraten und eilte gleich hinter die Sakristei. Dabei kam ihm der sonst so präzise Vorgang der Öffnung des Bodens sehr langsam vor. Ungeduldig wartete er daneben und leuchtete mit seiner Taschenlampe in das wie in Zeitlupe sich vergrößernde schwarze Loch. Umso schneller rutschte er die steile Eisentreppe herunter und schaute sich prüfend um.

Danach gesellte sich Richard zu ihm und zeigte auf den schwarzen Kasten oben an der leicht gewölbten Decke neben der Treppe, den er damals erreichen wollte, wobei er leider das Gleichgewicht verlor.

Berni, stets mit dem Schweizer Offiziersmesser bewaffnet, legte sich gleich energisch ins Zeug, er gab Richard die Taschenlampe und bat ihn, das verdächtige Ding anzustrahlen. So konnte Berni ruhig ein paar Stufen hochklettern, sich festhalten und den Kasten, der direkt vor dem Hubzylinder und der Drehvorrichtung für die Bewegung der Bodenabdeckplatte befestigt war, genau untersuchen. Und es stellte sich heraus, dass es sich doch um einen Elektroschalter, um einen Doppelkippschalter handelte. Die eine Seite gab dem komplizierten Bewegungsmechanismus den Impuls zum Schließen, die andere Seite öffnete den Boden wieder. Das hatte Berni sofort auch zufriedenstellend so ausprobiert. Allerdings führte kein Elektrokabel von dem Kasten weiter in den Raum. Es gab also unten keine elektrische Beleuchtung.

Nun waren die beiden Eindringlinge unten eingesperrt und ließen total überrascht und ziemlich enttäuscht ihren Blick durch den mit der Taschenlampe beleuchteten Raum schweifen. Die freudige Erregung auf einen bevorstehenden Fund und die Anspannung, die Berni und Richard bei der Untersuchung der Kammer vorangetrieben hatten, ließen sichtlich nach. Von der steilen Metalltreppe führte nur ein kurzer schmaler Korridor weiter und mündete in einen total leeren, mit hellgrauen Marmorplatten vertäfelten kleinen Raum. Die eine Seite des Korridors floss übergangslos in den kleinen Vorraum. In den drei Ecken ragten dunkelgraue Marmorsäulen empor. Auch der Boden war als Marmormosaik kunstvoll verlegt. Nur etwa in der Mitte der drei Wände, vom Korridor herabgesehen, waren schwere Kerzenhalter in Augenhöhe befestigt. In jedem der Kerzenhalter steckte noch eine halb abgebrannte dicke Kerze drin.

„Das hier soll die so lange gesuchte Geheimkammer sein?", dachte Richard für sich und sah Berni zweifelnd an. Man konnte eine große Frage auch in Bernis Augen lesen. Er schüttelte hilflos den Kopf.

„Wir sind beide Schachspieler, betrachten wir diesen Raum als Schachbrett und wir müssen diesen Raum öffnen. Lass uns die Schachaufgabe lösen, die Lage analysieren und die möglichen Lösungen aufzeigen. Zug für Zug, den nächsten Zug überlegen und die weiteren kombinieren", schlug Richard eine methodische Arbeitsweise vor, zündete gleichzeitig die Kerzen an und knipste die Taschenlampe aus. Diesem Argument war nichts entgegenzusetzen.

„Guter Vorschlag, den ersten Zug hast du gerade schon gemacht", meinte Berni dazu und folgte mit dem Blick dem Kerzenrauch, der sich zuerst kräuselte und dann in weichen Spiralwellen bis zu der gewölbten Decke hinaufschwebte. Dort stellte er befriedigt fest, dass etwa in der Mitte eine Entlüftung angebracht war.

Danach untersuchten sie die Marmortafeln. Allerdings waren sie fein verlegt, die Fugen waren ohne einen messbaren Spalt. Das überprüften sie mit einer Mitgliedskarte, die Berni aus der Brieftasche zog. Nur in der gegenüberliegenden Ecke neben der Marmorsäule, seitlich über dem Kerzenhalter, kam die Karte oben unter der Decke in einer Breite von etwa einem Meter ziemlich weit durch. Bei Klopfversuchen klang die Marmortafel aber nicht so, als wenn sich dahinter ein Hohlraum befinden sollte. Akustisch war gar kein Unterschied zu den anderen Wänden feststellbar.

„Die Ecke muss man sich merken", konstatierte der technisch begabtere Berni fest und meinte, dass die Lösung bei den drei Kerzenhaltern liegen müsste. Die Kerzenhalter hatten zwar eine reichlich gezierte nostalgische Form, stammten aber sicher nicht aus dem Mittelalter. Die Form ähnelte einer schmiedeeisernen, wie ein Haken gebogener Konsole, die Kerzenbefestigung war wie ein Tannenzapfen geformt. Die drei Kerzen verbreiteten ein goldenes Licht und beleuchteten den kleinen Raum ausreichend. Die Befestigung des Kerzenhalters war mit einem gerändelten Flansch abgedeckt.

„Richard, schau dir den Abdeckflansch an, das müsste das einzige bewegliche Teil in diesem Raum sein", überlegte Berni laut.

„Oder aber auch nicht", konstatierte Berni wenig später enttäuscht, nachdem er den Flansch an der rechten Wand genauer untersucht hatte. Der saß bombenfest, man konnte ihn nicht bewegen.

Richard gab ihm recht, er untersuchte den Kerzenhalter an der danebenliegenden Wand und kam zu dem gleichen Ergebnis. Er konnte den Flansch auch nicht schieben oder drehen.

„Nun haben wir nur noch eine letzte Möglichkeit", meinte Berni und untersuchte den Kerzenhalter an der Stirnwand. Ziemlich behutsam versuchte er den Flansch zu drehen und er hätte fast gejubelt. Der Flansch drehte sich zwar schwer, aber nach etlichen

Hin- und Herbewegungen wurde es lockerer und er hörte leichte Einrastgeräusche. Berni hatte die sonderbare Gabe, sich völlig mit einem technischen Problem auseinanderzusetzen. „Schau dir das an, der Flansch funktioniert wie eine Einstellscheibe bei einem normalen Tresor. Ich spüre beim Drehen der Scheibe die einzelnen Einrastungen in den Fingern, aber es gibt keine Skala, keinen Nonius. Wie soll man die Einstellungen darstellen und messen? Doch warte, das kann uns vielleicht weiterhelfen. Ich komme beim Drehen links und rechts zum Anschlag."

„Bevor ich hierherkam, war ich bei einer Securityfirma beschäftigt." Richard verfolgte gebannt Bernis Versuche an dem Kerzenständer und wollte mit seinen Erfahrungen nachhelfen. „Wir haben einmal einen ausgeraubten Wandsafe mit einem sehr komplizierten Verschluss untersucht. Noch eine ziemlich alte Ausführung mit einem mechanischen Riegelwerk und auch noch mit einem mechanischen Zahlenkombinationsschloss. Dabei war es überaus wichtig, die exakte Einstellung der Zahlen des Öffnungscodes durch die Einstellscheibe auf die dazu entsprechende Markierung zu erreichen."

„Das ist alles schön, nur wir haben hier gar keine Markierung, nicht mal an der Konsole, die in der Wand ziemlich feststeckt und auch nicht an dem beweglichen Flansch, den man drehen kann und der als die mutmaßliche Einstellscheibe dienen sollte", sagte Berni nüchtern über die Schulter und hantierte versuchsweise weiter.

Nun kam wieder die analytische Denkweise von Richard ins Spiel. Er meinte, als die Markierung müsse die gedachte senkrechte Linie dienen und als Zahlen sollte man den von Berni ermittelten Einrastbereich links und rechts gleichmäßig durch die zehn Zahlen von 1 bis 0 aufteilen. Doch dann fing Richard an laut zu lachen: „Hast du in Fernsehkrimis sicher auch schon mal gesehen, wie die Panzerknacker mit einem Stethoskop arbeiteten und die Einrastung damit genau abhorchen."

„Sowas werden wir auch unbedingt brauchen, vorausgesetzt, dass es sich hier um eine alte, noch besser um eine uralte Version von Tresor handelt, denn die neuesten Zahlenkombinationsschlösser können nicht durch einfaches Abhören geöffnet werden. Oder wir sollten gleich eine fachmännische Hilfe hierherholen, so einen Profi-Tresorknacker engagieren. Denn falls es sich hier um einen Safe handelt, ist es ohne einen Fachmann nahezu unmöglich, ihn zu öffnen", überlegte Berni weiter, aber das mit dem Tresorknacker wäre auch ihm zu riskant gewesen.

„Das, was wir jetzt tun, wo wir uns Schritt für Schritt hineinmanövriert haben, das geht mir entschieden zu weit und ist mir langsam auch zu riskant", meinte Richard leise. „Mein Gewissen meldet sich, das grenzt hier schon beinahe an einen Einbruch. So habe ich es mir eigentlich nicht vorgestellt, ich wollte uns keine Schwierigkeiten bereiten. Ich bedaure es auch, dass ich dich damit hineingezogen habe."

„Nun hör auf zu jammern, Richard, es ist zwar ein unerlaubtes Eindringen, aber wir sind doch keine Verbrecher, wir wollen auch nichts stehlen, du willst nur gewisse Schriften studieren. Du tust das für die Wissenschaft und brauchst dein Gewissen damit nicht unnötig zu strapazieren. Moral ist durch das Ziel und den Zweck, den wir erreichen wollen eigentlich definiert. Es ist leider so, dass man sich leicht in Gefahr bringen kann, wenn man gewisse Geheimnisse ergründen will. Wenn wir schon so weit vorgedrungen sind, sollten wir auch noch den Versuch machen, um nachzuschauen, was sich hinter dieser Marmorwand verbirgt. Sicher nichts Wichtiges, denn man sieht hier keine Alarmanlage und auch keine Überwachungskameras, die wir in anderen Räumen schon gesehen haben."

Nach einer nachdenklichen Stille, die sich immerhin minutenlang durchzog, ergänzte Berni, der die Aktion nach wie vor interessant, gar verwegen fand, seine Überlegungen: „Falls dich das beruhigt, wir könnten auch den Kommandanten um Erlaubnis bitten. Er könnte uns sogar auch gleich den Öffnungscode geben. Aber ich fürchte, dass er nicht mal weiß, dass so ein Raum, in dem wir uns nun befinden, überhaupt existiert."

Berni sagte es todernst, sodass Richard über die fast sarkastische Äußerung, die allerdings mehr wie eine Feststellung klang, lachen musste. Richard war froh, dass er dem Ganzen etwas Amüsantes abgewinnen konnte, aber er konterte: „Jetzt übertreibst du schon ein bisschen. Den Öffnungscode könnte ich dir auch gleich durchgeben. Notier dir 6-5-1-5-0-6, aber es ist auch noch nicht gesagt, dass wir es überhaupt schaffen."

„Dein Geheimcode wäre mir zu einfach, das ist doch das Gründungsdatum unsere Garde. Aber einen Profieinbrecher, also einen Tresorknacker, werden wir mit Sicherheit nicht engagieren!"

„Da hast du schon recht."

„Jetzt bin ich schon beruhigt."

„Wir müssen uns in der Stadt in einer Apotheke ein Stethoskop besorgen und es dann, wie in einem spannenden Krimi, hier ausprobieren. Das juckt mich jetzt schon. Wir sollten dem Geheimnis unbedingt auf die Spur kommen", freute sich Berni, während Richard immer noch sehr nachdenklich blieb.

„Ich glaube langsam nicht mehr, dass es sich hier um einen Wandsafe handelt", meinte nach einer Weile Richard. „Dem Mechanismus nach müsste das eher eine ziemlich komplizierte Verriegelung des Raumes da hinten sein."

„Vielleicht hast du damit recht, aber gerade deswegen sollten wir es so oder so auch überprüfen." Und mit einem schnellen Blick auf seine Armbanduhr mahnte Berni Richard zur Eile.

So beließen sie es heute unvollendet dabei. Die letzten Geschehnisse hatten ihre Beziehung verändert. Von jetzt an waren sie Komplizen. Beide bildeten nun ein Team, das sich aufeinander verlassen konnte. Die Vertrautheit gab ihnen einen festen Halt.

17. Die Vatikanische Sternwarte

Ausgerüstet mit einem Stethoskop und einer batteriebetriebenen Babyüberwachung stiegen die beiden Entdecker, Berni und Richard, hinter der Sakristei der kleinen Kirche in das geöffnete Untergeschoss. Das Babyphon war notwendig, um einen sicheren Wiederaufstieg zu gewährleisten, ohne in der Kirche ertappt zu werden.

Nachdem sie die Bodenplatte von unten wieder geschlossen hatten, gingen sie direkt zu der Wand mit der beweglichen Scheibe an dem Kerzenhalter. Als „Oberarzt" lauschte mit dem Stethoskop an der Wand zuerst Berni. Doch er vernahm beim vorsichtigen Drehen mit der Scheibe weder irgendwelche verdächtigen Geräusche noch keine erhoffte Einrastungen. Er drehte die Scheibe langsam von dem linken Anschlagpunkt zu dem rechten und wieder zurück. Er tat es fast besser als die Profieinbrecher im Fernsehen, aber die Wand schwieg hartnäckig.

Richard verfolgte ganz nervös Bernis Bemühungen und empfahl ihm nach einer Überlegung: „Versuch, die Scheibe auch axial an der Konsole zu verschieben und, falls es geht, dann erst zu drehen."

Fehlanzeige.

Nun war guter Rat teuer. Es wurde ihnen langsam klar, dass es sich hier nicht um eine Wandschließung wie bei einem Safe handelte, sondern um eine ausgetüftelte Verriegelung wie zum Beispiel bei einem Garagentor. Aber wie konnte sie geöffnet werden?

Die Jungs klopften nochmals die drei Wände des Raumes ab, doch es gab kein Hohlraumgeräusch. Dann überprüften sie mit der Karte wiederum alle Wandspalten. Danach kamen sie zurück zu der Wand mit dem schon geprüften Kerzenhalter, denn dort in der Ecke kam die Kreditkarte ziemlich tief durch. So waren sie an dem gleichen Punkt wie am Anfang angekommen.

„Wir wollten eine Schachaufgabe lösen", sagte Berni nach einer kurzen Überlegung, „doch hier gibt es anscheinend keinen nächsten durchführbaren Zug. Die Wand setzt uns langsam Schachmatt."

„Haben wir etwas Wichtiges übersehen?", fragte Richard laut, während Berni die restlichen zwei Kerzenhalter erneut kontrollierte. Alles war fest. Sonst waren, abgesehen von der Entlüftung oben an der Decke, nur glatte Marmorwände in dem Raum.

„Wir haben es heute ziemlich lange probiert, die Wand zu öffnen, und sind dabei gar keinen Schritt weitergekommen", resümierte Berni ihre Bemühungen, „und langsam müssen wir wieder nach oben."

„Die Probleme nehmen wir mit. Wir könnten dann in Ruhe über eine mögliche Lösung nachdenken", stimmte ihm Richard zu.

Beim Aufstieg konnten die „Schatzsucher" erst einmal die Babyüberwachungsanlage praktisch testen. Wenigstens die Anlage funktionierte tadellos. Sie hörten oben, hinter der Sakristei, keine verdächtigen Geräusche. So machten sie die Bodenabdeckung auf und stiegen heraus.

Die Diskussion, nach dem reichlichen Abendessen in der Gardekantine, öffnete bei der Nachspeise Berni: „Wir hatten heute Nachmittag zwar keinen merkbaren Erfolg, aber wir sind trotzdem einen kleinen Schritt weitergekommen. Wir wissen jetzt, dass sich die Wand nicht als Safetür öffnen lässt, aber einen Durchgang, irgendwie perfekt verriegelt, muss es geben. Denn wozu hätte ein so raffiniert versteckter, mit Marmorplatten verkleideter, aber absolut leerer Raum sonst dienen sollen."

„Du hast es in der kleinen Kirche selbst gesehen. Wenn man nicht weiß, dass sich hinter der Sakristei eine Bodenplatte öffnet, dann merkt man es auf dem Boden überhaupt nicht. Und der Schlüssel, oder noch besser der Impulsgeber, zum Öffnen hängt weit weg von der Platte, im Bild an der Wand", meinte Richard dazu.

„Damit bringst du mich auf eine Idee", sagte Berni, nachdem er den letzten Biss von dem Pfannkuchen runtergeschluckt hatte. „Wir müssen nächstens Mal auch die Entlüftung untersuchen. Dafür werden wir eine kleine dreistufige Haushaltsleiter brauchen. So was habe ich in der Kaserne in der Abstellkammer gesehen."

Richard gab ihm Recht: „Vielleicht ist hinter dem Entlüftungsgitter ein Ring oder sogar auch eine Taste versteckt. Das sollten wir schnellstens überprüfen, aber was machen wir mit dem Messdiener? Sollten wir ihm eine Flasche Wein bringen?"

„Spät abends ist er nie da, aber ob er die Kirche schließt, das weiß ich nicht. Das müssen wir ausprobieren, und wir haben doch die Babyüberwachung", lachte Berni.

Weitere Überlegungen wurden von Richards Handy unterbrochen. Sein Vater informierte ihn über das telefonische Gespräch mit Kardinal Clements und dessen Einladung. Die Vatikanische Sternwarte hatte unlängst ein neues Fernrohr mit großer Brennweite installiert. Für die feierliche Einweihung hatte die Sternwarte auf die sonderbare Konstellation der äußeren Planeten unseres Sonnensystems und die Beobachtung des offenen Sternhaufens im Sternbild Perseus gewartet. Bei dieser Besichtigung wollten die Mitarbeiter der Sternwarte diese Phänomene den Gästen nahebringen.

„Ja, als ich vor ein paar Wochen dort das Einführungsseminar für die Astronomie besuchte, haben es die Fachleute von der Sternwarte angesprochen, doch damals stand noch kein Termin fest", sagte Richard-junior.

„Die feierliche Einweihung findet jetzt am Wochenende statt und Stephan hat uns dazu eingeladen. Auch meine Kollegin Christiane nimmt gerne teil …"

„Oh, deine Schachdame hat schon einen Vornamen", unterbrach der Junior seinen Vater lachend und mit einem kleinen Seitenhieb.

„Hör mit dem Unsinn auf, das ist ernst ..."

„Was ist so ernst, dein geplanter Besuch hier oder das Verhältnis zu der Schachdame?", fragte der Junior amüsiert weiter.

„Wir haben kein Verhältnis ..."

„Aber die Reise nach Rom wäre diesbezüglich schon mal ein Anfang."

„Warte ab, du wirst dich schon wundern, wenn du Christiane erstmals siehst. Und wenn du jetzt einen Moment ruhig bist, könnten wir es auch mit deiner Chiara klären. Wir könnten sie mitnehmen. Deine Freistellung setzt der Kardinal durch", versuchte Vater weiter zu erklären.

„Das braucht er diesmal nicht zu tun. Ich hätte am Wochenende sowieso frei gehabt. Ich rufe noch Chiara an und falls sie kommen könnte, bräuchte ich dann nur noch Ausgang bis morgen früh. Du hast mich heute sehr überrascht und noch mehr freue ich mich auf euren Besuch hier. Auch dir habe ich viel zu berichten."

„Gut, kläre alles mit Chiara und melde dich schnellstens. Bis bald."

Am späten Abend konnte Richard-junior, nachdem er mit Chiara gesprochen hatte, dem Vater auf der Mailbox kurz mitzuteilen, dass er gleich drei Flugtickets besorgen sollte. Chiara würde sich mit ihm am nächsten Morgen in Verbindung setzen. „Also, wir sehen uns am Freitagabend in dem gleichen Hotel wie damals. Meldet euch, wenn ihr angekommen seid. Ich freue mich riesig!"

Eine riesige Überraschung wartete auf Richard-junior im Foyer des Hotels, nachdem ihn Chiara, nach minutenlanger Umarmung, die nur mit Küsschen unterbrochen wurde, losließ. Er brachte seine Exerzieruniform wieder in Ordnung und schob das Barett, das beim Küssen störte, nach vorne. Schick sah er aus. Sein Vater stellte ihm die Kollegin Christiane vor. Der Junior stutzte bei dem ersten Blick auf Vaters Begleitung. Erstaunlich, wie sie seiner verstorbenen Mutti ähnlichsah. Nur ein bisschen jünger, eigentlich für den Vater viel zu jung. Doch das kann bei Frauen oft täuschen. Nun kam dem Junior Vaters Warnung am Telefon, dass er sich noch wundern sollte, wenn er die Schachdame sieht, in Erinnerung. Der Vater hatte damals recht gehabt und er bemerkte auch jetzt Juniors Reaktion und beobachtete die Situation schmunzelnd.

Ein wenig später gesellte sich zu den zwei Paaren auch der Kardinal Clements, nur diesmal war er der Gast des Professors. Das änderte allerdings nichts an der guten Stimmung und der netten Unterhaltung zwischen den einzelnen Gängen des Dinners.

Nur Junior schaute immer wieder ungläubig zu Christiane hin. Selbstverständlich merkte sie es, aber sie ließ ihn zappeln.

Der Kardinal präsentierte beim Cappuccino und Espresso das vollgestopfte Programm des Wochenendes mit den Schwerpunkten der Rombesichtigung am Morgen vormittags und zum Teil auch noch nachmittags, um das römische Flair so richtig zu erleben. Abends würden alle in die Vatikanische Sternwarte zu der Einweihungsfeier fahren. Und am Sonntag, bis zum Rückflug, blieben alle im Vatikan bei der Besichtigung der ganzen Anlagen.

Richard-junior wollte Chiara unbedingt auch die kleine Kirche zeigen. Die kleine Kirche Santo Stefano Abissini stand nicht in dem Besucherprogramm, er wollte es mit dem Messdiener für eine Flasche Wein aushandeln. Das sollte doch die Hochzeitskirche sein. Als das der Kardinal erfuhr, sagte er gleich, dass er die Ausnahmegenehmigung für alle bis dahin besorgen werde.

Zum Wein zogen sie, wie zuletzt auch, in den gemütlicheren Kaminsalon. Wie dann auch zu erwarten war, entschuldigten sich Chiara und Richard-junior schon nach dem ersten Gläschen, unter dem verständnisvollen Nicken der beiden Herren.

Danach war der Kardinal neugierig, was Christiane als junge Professorin an der Universität so alles tat und welche Pläne sie für die Zukunft schmiedete.

Sie meinte, sie müsse sich erst vollkommen beruhigen, so überraschend kam für sie die Einladung vom Professor, nach Rom mitzufahren und vor lauter Begeisterung war sie jetzt noch leicht nervös.

Dagegen wusste der Kardinal eine Abhilfe. Der exzellente italienische Wein beruhigt die Nerven und das reizende Besichtigungsprogramm für die nächsten Tage mit Freunden tut sicher noch das Übrige.

Die Weingläschen klirrten beim Zuprosten.

Nach dem guten Schluck fixierte Christiane länger ihr Weinglas, dann schaute sie hoch und fasste in klar definierten Schnitten ihren derzeitigen Arbeitsbereich zusammen. Sie hatte ihre Fachrichtung noch nicht ganz festgelegt. „Am besten wäre es, mein kulturgeschichtliches Interesse um die Astroarchäologie zu erweitern, so wie bei Richard."

Das war nun das erste Mal, dass sie ihren Kollegen, den Professor Haunschild, in der Öffentlichkeit beim Vornamen nannte. Sie stutzte, doch er genoss es und legte mit einem charmanten Lächeln seine Hand auf die ihre.

Dem Kardinal blieb nur nochmals zu prosten.

Doch Christiane blieb unsicher und als sich der Professor mit seiner Pfeife beschäftigte, verabschiedete sie sich plötzlich: „Gute Nacht. Bis Morgen."

So blieben die alten Freunde alleine unter sich, aber zum Trost mit dem guten Wein. Der Kardinal freute sich, dass er endlich sein Versprechen, dem Freund Richard die Sternwarte zu zeigen, erfüllen konnte. Und der Professor meinte im Gegenzug, dass er dem Kardinal, je nachdem was sie zu sehen bekommen würden, die fachmännische Erläuterung dazu liefern werde.

Weiter lobte der Kardinal Richard-junior, der bei dem Astroseminar in der Sternwarte durch seine beeindruckenden Astrokenntnisse geradezu geglänzt hatte. Einige Fachleute des Veranstalters hatten sogar gemeint, dass der Junior eher als Astro-Gardist dienen sollte.

„Er war schon immer mein bester Schüler", meinte der Professor dazu, doch in Gedanken hoffte er, dass es so weit nicht kommen würde, denn Junior hat im Vatikan eine ganz andere Aufgabe und diese war auch schon ziemlich weit fortgeschritten. Man sollte ihn nicht davon abhalten.

„Also auf den Junior, auf uns!"

Samstagfrüh, gleich nach dem Frühstück, starteten unsere Besucher mit dem Shuttlebus zu der fast ganztägigen Stadtbesichtigung von Rom unter dem Motto: „Im Zauber der Ewigen Stadt".

Die erfahrene Stadtführerin dirigierte den Bus von der fiktiven Linie des Säulenbogens des Petersplatzes, die gleichzeitig auch die Grenze zwischen dem Vatikan und Italien bildete, zunächst zu dem Weltwunder Kolosseum. Ganz in der Nähe führte der Weg zu dem früheren Mittelpunkt der politischen Macht in Rom, zum Forum Romanum und zum Capitol, wo die Bauwerke und Ruinen von der Bedeutung und der Macht des Römischen Imperiums zeugten. Heute ist es eine gewaltige Ausgrabungsstätte in einem Säulenwald.

Danach landeten sie in der Piazza Navona. Hier konnten sie das richtige Flair Roms erst voll genießen, die Kunstmaler und die flinken Straßenhändler beobachten und anschließend auch gut essen und Kaffee trinken.

Nachmittags fuhren sie weiter zum Pantheon und die Damen warfen je eine Münze in die berühmte Fontäne di Trevi. Der weitere Weg der verkürzten Rundfahrt führte sie über die Spanische Treppe zurück zum Petersplatz. Man musste sich beeilen, doch den verträumten Blick auf den Petersdom von einer anderen Seite wollte die Stadtführerin unseren Gästen nicht vorenthalten. Hoch über dem Wasser des Tibers ragte die Kuppel der päpstlichen Basilika in den azurblauen Himmel empor. Und der Himmel mit den leuchtenden Sternen wartete als Hauptattraktion am Abend auf sie.

Doch zuerst leuchtete bei der Auffahrt in die Albaner Berge am Abendhimmel durch die tief stehende Sonne die imposante Silhouette der Vatikanischen Sternwarte selbst.

Der Kardinal erklärte den Damen, dass das Castel Gandolfo, wo sich das Observatorium befand, auch die Sommerresidenz des Papstes ist. Danach präsentierte der Kardinal stolz bei dem Durchgang zu dem stärksten Fernrohr, die mit moderner Technik neu umgebaute Sternwarte. Wenig später, bei der Besichtigung der Planetenkonstellation und den angesteuerten Sternbildern, übernahm die fachmännische Erläuterung Richard-junior, der sich auf der Sternwarte nach dem absolvierten Astroseminar schon fast heimisch fühlte. Der Professor ergänzte dem Kardinal flüsternd nur noch einige Details dazu, sonst war er mit Junior präziser Darstellung mehr als zufrieden.

Besonders die Damen waren von den eindrucksvollen Bildern des zum Teil so nahen Universums direkt fasziniert. Die Sterne waren zum Greifen nah.

Die Mitarbeiter der Vatikanischen Sternwarte improvisierten anschließend für den seltenen hohen Besuch am Rande des Konferenzraumes mit dem so herrlichen Sternendach einen Imbiss, sogar mit dem ausgezeichneten italienischen Prosecco für die Damen.

Da kam Christiane mit ihrem Glas zum Professor, stieß mit ihm an und ihr Dank, dass er sie mitgenommen hatte, klang fast wie eine Liebeserklärung. Richard-senior schaute sich leicht verunsichert um, doch sein Sohn war viel zu sehr mit Chiara beschäftigt.

Und dem Kardinal, dem war die Zufriedenheit über den mehr als gelungenen Ausflug zu den Sternen ziemlich stark anzumerken, auch wenn er sich in dem Moment von den glücklichen Erdbewohnern dezent in den Hintergrund zurückgezogen hatte.

Am nächsten Morgen, Sonntag früh, verschwand Richard-junior schnell, gleich nach dem Frühstück, mit der Entschuldigung, dass er sich bei dem Kommandanten melden sollte. Chiara saß neben dem Professor und flüsterte ihm ins Ohr, dass Christiane den Junior unbedingt in der Galauniform sehen wollte und er eilte davon, um sich umzuziehen. Der Professor nickte zufrieden.

Wenig später war in der Vatikanstadt, vor dem Besuchereingang, ein Gedränge und man sah nur Blitzgewitter der Fotoapparate.

Am Eingang stand stolz ein Schweizergardist in der Galauniform mit dem eindrucksvollen Brustpanzer und dem blanken Helm mit der Rotfeder da. Als unsere Gäste näherkamen versperrte er ihnen den weiteren Weg mit der Hellebarde.

Es war unser Richard-junior, der von Chiara beinahe einen Eintrittzoll in Form von einem Küsschen rechts und links verlangt hätte.

Doch es war den Gardisten im Dienst jeglicher Kontakt mit den Besuchern untersagt. Er war zwar offiziell nicht im Dienst, aber er benahm sich ebenso. Christiane, die so begeistert war, konnte er allerdings ein gemeinsames Foto nicht verweigern und als er sich auf den Weg zum Umziehen begab, bekam er von Chiara einen richtigen Kuss auch gegen das Protokoll.

Die Überraschung war Richard-junior gut gelungen. Auch der Kardinal, der die weitere Führung höchstpersönlich übernahm, war stolz auf seinen Gardisten.

Es gibt imposante, unsere Geschichte widerspiegelnde Bauwerke, in denen sich die damaligen besten Künstler so richtig austoben konnten, indem sie die Wände, Decken und Säulen mit sagenhaften Fresken verzierten. Man hatte sie schon mehrmals bestaunt und trotzdem entdeckte man stets neue interessante Details. Besonders wenn diesmal auf diese Details einer der besten Kenner der Geschichte des Vatikans, der Kardinal Clements, hindeutete.

So ging auch Christiane staunend und eingeklemmt zwischen dem Kardinal und dem Professor durch den so berühmten Petersdom, durch die mit zauberhaften Fresken gefüllte Sixtinische Kapelle und durch das Museum für die Neugeschichte wie in einem wunderbaren Traum, wie von dem Boden abgehoben.

Richard-junior und Chiara hatten sich mit dem Hinweis abgesetzt, dass man sich in etwa einer Stunde vor der kleinen Kirche treffen würde.

Beide wollten sich mit Berni treffen, der sich über Richards Anruf mit dem Vorschlag sich kurz in der Kantine zu sehen, riesig gefreut hatte. Dem entsprechend verlief auch die Begrüßung mit Chiara wie unter alten Freunden. In dem gleichen Sinne verlief auch die ganze Unterhaltung. Berni ahnte, als er erfuhr, dass auch Chiara mit Richards Vater kommen würde, dass man sich treffen würde, und besorgte in der Stadt zwei Marzipanmandelhörnchen zu dem Kantinen-Cappuccino. Damit überraschte er Chiara und verdiente sich ein Küsschen auf die Wange.

Als Berni später erfuhr, dass Richard Chiara die kleine Kirche als den schönsten Raum zum Heiraten zeigen wollte, fragte er leise, ob sie schon einen Trauzeugen hätten. Er würde sich dazu sicher gut eignen. Sein Vorschlag wurde mit einem Freudeaufschrei und einer fast zerdrückenden Umarmung von beiden sofort und anstandslos angenommen.

Kardinal Clements stand mit dem Professor und Christiane schon ein paar Minuten vor der kleinen Kirche Santo Stefano Abissini und schaute sich das alte Bauwerk von außen an.

Von außen war es eigentlich ein unscheinbares Gebäude ohne Kirchturm. Wenn nicht an der Spitze der doch ansehnlichen Fassade mit dem reich verzierten Portal ein großes vergoldetes Kreuz angebracht wäre, hätte man das Gebäude eher für eine Behörde gehalten.

Der Professor scherzte, als er zu seinem Freund sagte: „Nach dir benannt?"

„Heilig bin ich noch nicht", lachte der Kardinal zurück. „Die Kirche ist nach dem heiligen Stephanus benannt und mit einer 1000-jährigen Vergangenheit das älteste Kirchengebäude in der Vatikanstadt überhaupt."

Da kamen schon die anderen Besucher, auch mit Berni. Richard-junior und Chiara wollten dem Vater den Trauzeugen vorstellen, falls es mal zu einer Hochzeit in dieser Kirche kommen sollte.

Berni begrüßte den Kardinal mit „Eure Eminenz" und der Kardinal selbst war erfreut, dass sich Berni weiterhin so ein bisschen um Richard kümmerte. Nach einer offiziellen Begrüßung mit Christiane kam eine herzliche Umarmung mit Richards Vater, der sich bei Berni für die weitere Unterstützung seines Sohnes bedankte.

Als krasser Gegensatz zu dem schlichten Äußeren der kleinen Kirche stellte sich der Innenausbau und die unermesslich wertvolle Ausstattung dar. Es hätte sein können, dass man aus jeder geschichtlichen Epoche das Beste harmonisch integriert hatte, und so entstand in den Jahren ein echtes Schmuckstück. Es wirkte sehr einladend.

Der Messdiener zündete vor dem Altar einige Kerzen und Weihrauchstäbchen an. Danach begrüßte er nach dem strengen kirchlichen Zeremoniell den Kardinal Clements und seine Gäste. Nur selten verirrten sich in sein Areal Besucher und so war er froh über die Abwechslung. Im nüchternen Zustand wirkte er ganz unterhaltsam, ja sogar nett. Erstaunt schaute der Messdiener dann zu Richard-junior. Vielleicht dachte er über Richards Verbindung zum Kardinal und zu dem Professor nach, erwähnte aber die früheren Kontakte nicht.

Die beiden Damen knieten vor dem herrlichen Altar zum Gebet. Der Kardinal unterhielt sich mit dem Messdiener und gab ihm einige Anweisungen. Und Berni zog sich nach der Begrüßung wieder zurück.

So stand der Vater mit seinem Sohn plötzlich allein neben dem Altar. Der Junior nutzte die so entstandene Gelegenheit und flüsterte seinem Vater zu: „Schau dir das große Ölgemälde rechts an der Wand an. Siehst du den Ring an der linken Hand des Aristokraten?"

„Schön."

„Du solltest näher rangehen."

„Ja, wunderschön, ein hellblauer Topas oder so was. Das waren früher echte Künstler, die Maler, der Ring sieht ziemlich echt aus."

„Es ist auch alles echt. Der Ring ist künstlich aufgesetzt und funktioniert wie eine Elektrotaste. Wenn du draufdrückst, öffnet sich hinter dem Altar in der Sakristei der Boden. Eine steile Treppe führt herunter zu einem Marmorraum, den ich zur Zeit mit Berni untersuche. Wir konnten den weiteren Durchgang leider noch nicht entriegeln. Komm mit nach hinten. So, jetzt stehst du gerade auf der Bodenplatte, die sich mechanisch bewegen kann. Nach dem Impuls des Rings hebt sich die Platte hoch und schwenkt zur Seite. Wie du siehst, ist dort kein Teppich notwendig, um es zu verschleiern."

„Fantastisch, wie hast du das alles herausgekriegt? Das ist wie in einem Krimi."

„Wenn du schon einen Krimi erwähnst, durch den Kommissar Zufall. Einmal, als ich hier spät Nachmittag eintrat, kamen die Sonnenstrahlen durch das Fenster da oben, ziemlich schräg auf das Gemälde und der Ring glänzte voll auf", erklärte der Junior und gestikulierend imitierte er den Verlauf der Strahlen.

„Und jetzt meinst du, so wie du es mir am Telefon gesagt hast, dass sich dort unten die lange gesuchte Geheimkammer befindet?"

„Ja, ich vermute es, denn der Vertuschungsaufwand wäre für einen normalen Weinkeller oder eine Katakombe einfach zu groß und die Öffnung im Boden für große Särge eigentlich zu klein ..."
Der Junior wollte noch etwas ergänzen, doch sein Vater gab ihm ein Zeichen, dass die anderen Besucher mit Chiara schon in Hörweite waren.

Als sich der Vater Christiane, die sich mit dem Kardinal lebhaft unterhielt, anschloss, wandte sich Chiara an Richard-junior: „Schon bei meinem ersten Besuch habe ich euch, also dich und deinen Vater, in einem intensiven Gespräch beobachtet. Als ich dann näherkam, habt ihr damit abrupt und irgendwie so unauffällig aufgehört. Verheimlichst du mir schon wieder etwas?"

„Ach wo. Nein. Ich habe meinem Vater in der Zwischenzeit Bilder einer alten Pergamentabschrift zugeschickt. Ich selbst konnte die Keilschriftdaten nicht entziffern. Nun wollte ich wissen, ob es für ihn interessant war", erklärte Richard ausweichend.

„Und war es das?"

„Sehr sogar. Er war begeistert. Es war die Abschrift einer uralten sumerischen Tontafel mit der Beschreibung einer ganz modernen Technologie der Flugapparate. Die Sumerer werden mir immer rätselhafter. Mein Vater möchte es auch erst später mit seinem Freund, dem Kardinal, zusammenfassend besprechen."

Chiara gab sich damit vorerst zufrieden.

„Ich hoffe, dass Ihnen unser Schmuckstück gut gefallen hat. Besonders Chiara und Richard-junior. Wenn es mit der geplanten Hochzeit so weit sein sollte, bin ich mit dem Messdiener dazu bereit", resümierte der Kardinal sichtlich zufrieden die Vorführung und ergänzte. „In dem Sinne, bis zum nächsten Besuch."

„Das nächste Mal bist du unser Gast in München. Wir feiern demnächst, in ein paar Wochen, schon das 35-jähriges Jubiläum nach dem Abi. Wir müssen uns auch mal für deine nette Gastfreundschaft revanchieren", verabschiedete sich der Professor von seinem Freund.

Nachdem sich Richard-junior von Chiaras Küsschen erholt und von seinem Vater und Christiane verabschiedet hatte, schaute er dem Mutterabbild noch lange traurig hinterher.

18. Richard und Berni entdecken die Geheimkammer

Es war schon imponierend, mit welcher Hartnäckigkeit Berni immer wieder aufs Neue versuchte bei der Wandöffnung weiterzukommen. Die Neugier war für ihn und den Richard eine starke Triebfeder.

Diesmal wollte er mit Richard, wie sie schon unlängst in der Gardekantine besprochen hatten, die Entlüftung des Marmorraumes mit untersuchen. Eine kleine Haushaltsleiter hatten sie mitgebracht, so konnte man dann bequem die leicht gewölbte Decke erreichen.

Die Entlüftung selbst war ein Schmuckstück. Ein nostalgisch verziertes feines Eisengitter, doch nach neuester Technik befestigt mit verdeckten Scharnieren auf der einer Seite und einem Drehschloss gegenüber.

Berni bereitete es keine Mühe, mit seinem Schweizer Taschenmesser, das er als Schraubendreher benutzte, die Abdeckung zu öffnen. Das Gitter klappte in einer begleitenden dicken Staubwolke nach unten.

Es dauerte eine Weile, bis die Jungs was sehen konnten. Und danach sahen sie eigentlich auch nicht viel. Es war ein Abzug wie bei einem offenen Kamin. In der Innenseite der Abdeckung war ein feines Drahtsieb als Filter angebracht. Doch von einem Schalter oder einer Elektrotaste, dem, was sie eigentlich suchten, war keine Spur zu finden. Berni leuchtete noch in das Abzugsloch, das nach etwa einem Meter einen Knick machte, hoch tief rein, dann schwenkte er die Entlüftungsabdeckung wieder nach oben und befestigte sie.

Enttäuscht drehte sich Berni zu Richard um und konstatierte fragend: „Nun müssen wir uns doch wieder mit der gegenüberliegenden Wand beschäftigen, oder? Vielleicht haben wir früher irgendetwas übersehen."

„Was könnte man noch tun?", überlegte Richard laut, während sich Berni mit dem Stethoskop bewaffnet schon an die Wand, an der der Kerzenhalter mit der beweglichen Abdeckscheibe befestigt war, ranmachte. Dann wiederholte er alle die Arbeitsstufen wie zuvor.

Als er bei der nächsten Probe mit der beweglichen Scheibe rechts stärker einschlug, spürte er, dass der ganze Kerzenhalter in der gleichen Drehrichtung leicht nachgab. Tatsächlich, er konnte mit dem ganzen Kerzenhalter zäh weiterdrehen. Berni hatte die Umdrehungen nicht gezählt, aber es mussten mindestens drei oder vier sein, als er dann zum Anschlag kam.

Gespannt verfolgte Richard jede Bewegung des Kerzenhalters, der nun als eine Art Kurbelwelle diente. Bei dem Anschlag zuckte Richard leicht zusammen. „War das jetzt alles?", schoss ihm durch den Kopf.

Auch Berni war unschlüssig, was er weiter tun sollte. Dann zog er axial die Kerzenhalterstange an sich. Doch die Wand gab nicht nach und Berni entfuhr ein kleiner Seufzer der Enttäuschung, er tupfte sich mit dem Taschentuch die Schweißtropfen von der Stirn.

Richard überlegte aufgeregt und laut: „Falls das eine Verriegelung wie bei einem Garagentor sein sollte, dann sollten wir die Wand kippen. Da der Kerzenhalter in der oberen Hälfte der Wand befestigt ist, muss man Druck auf ihn ausüben."

Tatsächlich gab die Hälfte der Marmorwand nach und die zwei linken Platten schwenkten nach oben. So konnte man dann von unten den ganzen Verriegelungsmechanismus wie am Reißbrett sehen. Die rotierende Scheibe, die man am Anfang für die Safescheibe mit Skala hielt, gab beim Druck in der rechten Anschlagstellung die Kerzenhalterstange per Schieber frei. Ein leichtes Knacken wurde hörbar. Am Ende der Stange war ein Zahnrad mit einer feinen Verzahnung befestigt, das wiederum durch Zahnumfang zwei verzahnte Stahlstäbe, also Zahnstangen, waagerecht bewegte. Bei der Drehbewegung nach rechts, die Berni vorher vorgenommen hatte, schoben sich die zwei Zahnstangen oben und unten in gegenseitiger Richtung zurück und entriegelten somit die Marmorplatte.

Eine ausgetüftelte Ingenieurleistung, doch die zwei „Einbrecher" interessierten sich in dem Moment nur für den neu entdeckten Raum.

Was waren das für zurückliegende Wochen gewesen. Tage der Hoffnung und Enttäuschung. Tage der Untersuchung vieler Räume, und der Überlegungen, wie man weiter vorgeht mit dem aufregenden Gefühl der Vorfreude, bis sich endlich das Tor zum Ziel öffnete. Umso höher waren die Erwartungen.

Nachdem sich die Wand leicht geöffnet hatte und Richard den ersten Blick in das Halbdunkel werfen konnte, jubelte er schon: „Ja! Also gibt es die Geheimkammer doch." Auch wenn er noch keine Einzelheiten erkennen konnte, war er nun felsenfest davon überzeugt, dass sie endlich die Geheimkammer entdeckt hatten. Was bisher nur als eine vage Möglichkeit in all seinen Gedanken herumschwirrte, wurde zur Realität. So schlug das Herz Richard wild in der Brust. In seiner Erregung merkte er nicht, dass er zu laut gedacht hatte.

Berni schaute Richard nach seinem spontanen Jubel zuerst verblüfft, dann gar mit einem misstrauischen Blick an. Doch als er dann mit der starken Akkuleuchte den Lichtstrahl in den geöffneten Raum lenkte, blieben beide voller Ehrfurcht wie angewurzelt und stumm an der Schwelle stehen.

Das war ein Bild von gewaltigen Ausmaßen, was sich den beiden nun bot. Es war eine aufwendig aufgebaute, fast tempelartige längliche Anlage. Vor ihnen lag eine Bibliothek, ein Archiv, ein Museum und eine Galerie für Schriften, Bilder und Skulpturen in einem. Alles in einem von der Größe noch nicht überschaubaren Raum.

Die Männer sahen sich bestätigend an, sie wussten, was hinter ihnen lag. Doch sie wussten noch nicht, was sie demnächst erwarten würde.

Richard war von dem Anblick auf die Antiquitäten überrascht, gar viel zu fasziniert, um sich davon losreißen zu können. „Schau dir das hier nur an!" Er deutete auf die fantastischen altertümlichen Artefakte, die man schon vom Eingang übersehen konnte, hin. Plötzlich war es für ihn Wirklichkeit geworden, die erhofften geheimen archaischen Schätze lagen nun vor ihnen. Nichts auf der Welt konnte das Hochgefühl dieses Augenblicks noch steigern.

Gleich am Anfang, als Willkommensgruß, markierten seltsame Statuen den Eingang. Ganz vorne streckte eine menschliche Gestalt mit einem Schakalkopf, wie Anubis, den man im alten Ägypten als Totengott verehrte, den Eindringlingen eine Hieroglyphentafel entgegen. Unmittelbar daneben waren weitere humanoide Gottheiten und Reliefs aufgestellt mit mythologischen Szenen, unter anderem mit geflügelten Kreaturen und auch Mischwesen, die erst bei Licht so richtig zur Erscheinung kamen. Richard machte davon mit dem Handy Aufnahmen, die er später seinem Vater mit einem kurzen Kommentar schicken wollte.

Hunderte Gedanken schwirrten Richard durch den Kopf. Er dachte an den Messdiener, der trotz seines Rausches alles ziemlich gut beschrieben hatte. Die Treppen rauf und runter, das flackernde Kerzenlicht und die Unmengen an historischen Schätzen. Wenn der wüsste, wie nah er den versteckten Gegenständen, die er später nüchtern suchte, stets war und immer noch ist. Der Messdiener trampelte oben auf dem Kirchenboden direkt drauf herum.

Die feine Staubschicht zeugte davon, dass die Geheimkammer schon längere Zeit niemand besucht hatte. Vielleicht waren der Bischof und der Messdiener sogar die letzten Besucher. Es könnte auch sein, dass der Bischof das Geheimnis mit ins Grab nahm. Das war immerhin eine ziemlich ausgefallene Hypothese. Der Bischof hätte damals für die Geheimkammer zuständig gewesen sein, aber mit Sicherheit war er nicht der Einzige, der von der Existenz des Raumes wusste. Das hätten unsere Einbrecher dann sofort erfahren, falls sie dort unten mal erwischt werden würden.

Das Wichtigste für Richard allerdings wäre, wenn er die sumerische Tontafel mit dem rätselhaften Sternbild finden würde, das der verstorbene Bischof dem Messdiener damals gezeigt und zu erklären versucht hatte. Die Tontafel hätte seinem Vater bei weiterer Forschung sicher geholfen, denn der Beschreibung nach steckte dort möglicherweise ein Hinweis auf andere Welten.

Dann kam Richard wieder zu sich: „Berni, ich muss dir was gestehen. Es ist für mich wichtig und gerade jetzt ist die Zeit dazu am besten geeignet. Lass mich ein paar Dinge über meine Untersuchungstätigkeit klarstellen, es zu leugnen hätte nun keinen Sinn mehr. Das hier zu entdecken war von Anfang an meine Aufgabe, mein Bestreben und mein Ziel. Alle meine Bemühungen galten nur der Verwirklichung des verwegenen Planes. Eine abenteuerliche, aber auch risikoreiche Geschichte, denn mein Vater meinte, nach seinem Besuch hier im Vatikan, dass die wahren Geheimnisse nicht in den Bibliotheken, Archiven und Museen nur so frei herumliegen. Wenn es sie gibt, dann sind sie nur in so einer Geheimkammer versteckt."

Berni hatte Richards Aussage fast die Sprache verschlagen, er schüttelte den Kopf und warf ihm einen undefinierbaren Blick zu.

„Machst du mir jetzt Vorwürfe?", fragte Richard verunsichert zwischen aufkeimender Euphorie und seinen Schuldgefühlen.

„Das schon und sicher auch berechtigt, denn wir Schweizer sind sehr stolz auf die Schweizergarde. Du hast die Bestimmungen der Gardisten missbraucht. Wir haben die ehrenvolle Aufgabe, den Papst und die Vatikanstadt zu beschützen und nicht in irgendeine Schatzkammer einzubrechen", argumentierte Berni eindringlich. „Dabei hast du auch mich, weil ich wissen wollte, was du da draußen tust und dir oft heimlich nachgegangen bin, immer tiefer mit reingezogen. Am Anfang eher unbewusst, aber denke an die fraglichen Baupläne und an die zauberhaften Hexen in der Apostolischen Bibliothek und an deinen ominösen Treppensturz in der Kirche. Schon damals hätten wir dieses Gespräch unbedingt führen sollen."

„Du bist also ganz gegen das, was ich tue? Dann muss ich deine Interpretation ein bisschen korrigieren und ergänzen. Spätestens seitdem du mich in der kleinen Kirche da unten nach dem Sturz fast bewusstlos aufgefunden hast, warst du auch ganz scharf darauf, herauszufinden, was sich dort hinter der Marmorwand versteckt hält", schränkte Richard ein. „Für dich war es seitdem so eine Art von Abenteuer. Eine willkommene Abwechslung zu dem täglichen eintönigen Wachdienst. Durch deine technische Begabung hast du sogar dabei oft auch die Initiative übernommen. Vergiss bitte nicht, was du damals über die Moral gepredigt hast, als wir noch mit der Wand gekämpft und gerätselt haben, ob das ein Safe oder eine Verriegelung sein sollte. Ich könnte es dir sinngemäß wiederholen. Du meintest, dass die Moral erst durch das Ziel und den Zweck, den wir erreichen wollen, definiert ist. Und ich jagte von Anfang an und weiterhin eigentlich auch nur einer Illusion nach, um der Wissenschaft zu dienen", versuchte Richard sich weiter rechtfertigen. Doch dann blickte er auf seine Armbanduhr: „Wir sollten unsere sehr dringend notwendig gewordene Diskussion nachher lieber in der Kantine oder auf der Stube fortsetzen. Es ist spät geworden und falls der Messdiener demnächst die Kirche abschließt, können wir hier gleich auch noch übernachten."

„Mit dem alten Schloss, das ich da gesehen hatte, werde ich spielend fertig. Ich habe mein Schweizer Offiziersmesser doch immer dabei", lachte Berni, machte sich aber doch zum Rückzug fertig.

Dann verabschiedeten sich beide für heute von den geheimnisvollen Kreaturen am Rande der Geheimkammer und versuchten sie die Wand wieder zu schließen.

So wurde denen auch erst jetzt so richtig bewusst, als sie in einer umgekehrten Reihenfolge die einzelnen Schließvorgänge tätigten, wie ausgeklügelt der Schließmechanismus für die Wandplatte eigentlich ausgearbeitet war. Dem Zustand der Materialien nach war er sicher nicht aus dem Mittelalter, sondern neuester Art. Wenn man es nun wusste, schien die Prozedur ganz einfach zu sein.

Auch von außen, in dem Marmorraum, konnten sie nur die präzisen Anpassungen der Schließplatten an der Wand bestaunen. Sie waren praktisch fugenlos. Auch der Kerzenhalter wurde wiederum in seiner ursprünglichen senkrechten Position festgehalten.

Der Weg zu ihrer Stube führte bei der Gardekantine vorbei und so überfiel unsere Abenteurer natürlich ein kleiner Hunger. Schweigend genoss jeder zu dieser fortgeschrittenen Zeit eine Kleinigkeit, doch beide bereiteten sich in Gedanken dabei für die geplante Aussprache weiter vor.

Berni mochte den italienischen Wein sehr gern und schlug nach dem ersten guten Schluck schon gemäßigte Töne an: „Im Dienst bist du, Richard, ein vorzüglicher Gardist. Ohne Beanstandung. Doch in der Freizeit, und das habe ich vorher mit dem Missbrauch gemeint, ermöglichte dir der Gardisten-Status Zugang in fast alle für dich interessante Bereiche in Vatikan. Ich habe dich auch mehrmals im Hauptquartier der Schweizergarde, wo die Bilder aller Überwachungskameras zusammenkommen, beobachtet, wie du die Situation studierst. Und dein Schutzpatron, der Kardinal Clements, erledigte dann den Rest."

„Ich habe es vorher auch schon gesagt, ich tat es, um meinem Vater bei seinen Untersuchungen zu helfen. Das heißt im übertragenen Sinne auch, um der Wissenschaft behilflich zu sein. Ich wollte nur bestimmte Schriften und Bücher durchlesen, ausgesuchte Bilder, Tontafeln oder Skulpturen anschauen, um darüber dem Vater zu berichten. Ist das denn so schlimm?", konstruierte Richard seine Erklärung und wandte sich dem Bierkrug zu. Die

Kantine verfügte sogar über ein bayerisches Bier.

„Denke daran, wo wir noch vor einer halben Stunde waren. Besser gesagt, wo wir eingebrochen sind", opponierte Berni und beschwichtigte zugleich: „Schon gut, wir sollten nicht streiten, wir kriegen es schon hin. Selbstverständlich bin ich auch der Meinung, dass die Menschheit ein Anrecht darauf hat, alles zu erfahren über die verschleierte Vergangenheit und auch alles, was die Zukunft beeinflussen könnte."

„Das gefällt mir schon besser", freute sich Richard, „denn du hast die neu entdeckte Kammer gesehen. Die ist, wie wir schon vom Rande sehen konnten, vollgestopft mit allen möglichen Gegenständen. Da werde ich deine Hilfe dringend brauchen, bis man alles angeschaut, aussortiert nach Thematik und ausgewertet hat."

Die Unterredung klärte nicht alle brenzlichen Punkte, sie war aber sehr wichtig für die weitere Zusammenarbeit. Wenigstens für die ersten Untersuchungen in der Geheimkammer.

„Also Schluss mit den Einzelgängen, wir machen zukünftig alles gemeinsam weiter", sagte Berni unmissverständlich und wollte damit nun die Kontrolle als der Dienstälteste übernehmen und behalten. Er betrachtete die weitere Untersuchung als eine Herausforderung.

Auch Richard fühlte sich nach seiner Aussage irgendwie erleichtert. Die gemeinsame Arbeit konnte auch zum Abbau der aufgetretenen Spannungen beitragen. Und wie weit ihm Berni in der Geheimkammer behilflich sein würde, musste man abwarten.

19. Die ersten Untersuchungen der Tontafeln

Fast die ganze Woche ging schleppend langsam vorbei, da hatten Richard und Berni unterschiedliche Wachdienste. Sie konnten deswegen erst am Wochenende die erste gezielte Erkundigung der Geheimkammer mit neuem Mut und großer Zuversicht in Angriff nehmen.

Beide fieberten dem Ausflug in den Untergrund bereits einige Tage so richtig entgegen. Schon ganz routiniert kamen sie durch den Boden hinter der Sakristei der kleinen Kirche und auch die Wand in dem Marmorraum bereitete ihnen keine Probleme.

So standen sie erneut tief beeindruckt am Eingang zu der Geheimkammer. In der Kammer gab es keinen Strom. Berni leuchtete mit dem Akkulichtstrahler in die Tiefe des Raumes und aus der Finsternis materialisierten sich die ersten Skulpturen. Anubis und die katzenköpfige Göttin Bastet begrüßten die beiden schweigend. Es waren grandiose Kunstwerke.

Überall verstreut standen Kerzenständer mit fast neuen Kerzen. Richard zündete die in dem vorderen Bereich des Raumes an. Das wunderschön mit religiösen Motiven verzierte Deckengewölbe kam eigentlich erst bei Kerzenlicht so richtig zur Geltung. Von der Schwelle konnte man noch sehen, dass ein farbiges poliertes Mosaik den Boden zierte. Es war ein unbekanntes Wappen in Form eines Ritterschildes mit einem außergewöhnlichen siebenzackigen Stern in der breiteren oberen Hälfte. Der siebenzackige Stern in einem Kreis war das Symbol des Glaubens und entsprach den sieben Aspekten des Glaubens. In der Mitte des Sternes gab es eine leicht abgeschliffene Vertiefung. War da früher irgendetwas eingraviert gewesen? Etwa die Initialen des Ritters im Diensten der Kirche?

In dem ganzen Raum wimmelte es nur so von alten Schätzen jeder Art. Es herrschte auf den ersten Blick ein wildes Durcheinander, so wie nach einem Einbruch. Doch man stellte fest, dass alles nach einem gewissen System aufgebaut war. Etwa nach dem Alter und nach der Art der Artefakte. Die Bücher und Schriften waren aufbewahrt in den Bücherschränken an der Wand. Die Rollsiegel mit himmlischen Darstellungen, aber auch mit Drachen und Mischwesen lagen in den Vitrinen daneben. Mehrere übergroße Bronzemasken mit schräg stehenden, außergewöhnlich geformten Augen und kleinere Gegenstände waren in den Regalen in der Mitte des Raumes ausgestellt.

Vor den Regalen waren Zeugnisse längst vergangener Kulturen eingereiht. Fast in der Mitte standen Bronzeskulpturen neben den Grabsteinen und Denkmälern mit kunstvollen Verzierungen und geheimnisvollen Inschriften, für die man Spezialisten der Kryptologie bräuchte, um sie zu entziffern. Die gleichen Fachleute hätte man auch für die zahlreichen Keramiken und Reliefs mit unerklärlichen fremdartigen Gravuren und zum Teil auch mit humanoiden Strichfiguren mit einem eigenartigen Kopfschmuck, der stark an einen Astronautenhelm mit Antenne erinnerte, gebraucht.

Berni ging immer tiefer in die längliche Kammer hinein und versuchte mit dem Leuchtstrahler so viel wie nur möglich von den Gegenständen zu erreichen. In jedem weiteren Bereich zündete er die Kerzen in den Kerzenständern an, sodass der ganze Raum in dem flackernden Licht richtig erstrahlte und die Skulpturen noch geheimnisvoller aussahen.

Richard machte noch Bilder mit seinem Handy von den vielen rätselhaften Inschriften. Dann blieb er bei dem Bücherschrank stehen und schaute neugierig auf die aufgestellten Schriften.

Da lagen einige der wertvollsten Dokumente der Geschichte, die den kampfvollen Weg von der Antike mit den Pharaonen bis ins Mittelalter zeigten. Die teilweise vergilbten Schriftblätter schilderten unter anderem die Geschehnisse über die spanischen Konquistadoren, die fast das ganze Mittelamerika erobert hatten. Das führte zum Untergang des Reiches der Azteken.

Andere Schriften berichteten wiederum über den mysteriösen Geheimbund der Tempelritter. Die Templer waren über Jahrhunderte einer der berühmtesten und mächtigsten Ritterorden, die mit einer Todesverachtung kämpften, das Land Jerusalem verteidigten und die Pilger schützten. Die Tempelritter wurden durch die Franzosen und den Vatikan verfolgt und schließlich im 14-ten Jahrhundert durch den französischen König aufgelöst.

Weitere Ordner, auch nicht gerade im guten Zustand, widmeten sich dem dunkelsten Kapitel des Christentums überhaupt. In den zahlreichen Kreuzzügen leisteten sich damals die Christen einen erbitterten Kampf gegen die Ungläubigen. Zu diesem Fachgebiet gehörten auch mehrere Akten über die Konzile im Mittelalter gegen die Ketzer.

In dem Bücherregal daneben fand Richard sogar Schriften über die Macht der Geistlichen in der russischen Orthodoxen Kirche unter den Zaren.

Dazwischen lagen lose Blätter, die eine Darstellung der Atlantis-Hypothesen mit Platons Atlantisbericht über den untergegangenen Kontinent zeigten.

Allgemein waren es sehr beeindruckende zeitgeschichtliche Berichte, die allerdings nicht gerade in den Bereich passten, den Richard in erster Linie verfolgte. So wollte er bei dem nächsten Besuch weitere Schriften gründlich durchstöbern.

Was Richard und Berni nicht wussten: Dem Messdiener waren in der letzten Zeit, in den nüchternen Phasen des Tages, einige Veränderungen in seiner kleinen Kirche aufgefallen. Meistens saß er in der ersten Bank links vor dem Altar und meditierte. Selbstverständlich bei dem guten Messwein. Als er dann den Weinkrug in die Sakristei nachfüllen ging, musste er früher immer einen kleinen Bogen um den Kerzenständer machen. Seit einigen Tagen war der Kerzenständer zur Seite, fast an die Wand, verschoben worden. Der Messdiener inspizierte den Kerzenständer gründlicher, als es Richard damals getan hatte, als der Ständer krachend umfiel. Die tellerartige, am Rande leicht wellige Kerzenauflage hatte sich dabei leicht verbogen. Auch die Kerze selbst, die Richard wieder auf den spitzen Stift draufsetzte, wies am Rande Deformationen auf. Die hellen Wachsspuren am Boden hatte Richard zwar abgewischt, doch in der Sakristei war es damals halbdunkel gewesen und so hatte er einiges übersehen.

„Da war doch jemand und hat den Kerzenständer umgehauen!", sagte der Messdiener zu sich selbst, als er die Details bewertete. „Ich muss eben in Zukunft besser aufpassen."

In den nicht ganz klaren Stunden grübelte der Messdiener auch über den hohen Besuch von unlängst nach. Insbesondere die Verbindung des Gardisten Richard, mit dem er sich schon ein paar Mal unterhalten hatte, zu Seiner Eminenz, dem Kardinal, ließ ihm überhaupt keine Ruhe. Er wollte unbedingt dahinterkommen.

Seitdem gab es nur zeitlich bestimmte Gebetsstunden für die Priester.

So standen an dem ersten freien Abend Richard mit Berni vollkommen überrascht vor dem abgeschlossenen Portal. Für Berni wäre es eine Spielerei gewesen, die Tür aufzumachen, das Schloss war schon uralt. Doch beide entschieden gemeinsam, auf Nummer sicher zu gehen und morgen lieber unauffällig über die Gründe bei dem Messdiener nachzufragen. Offiziell wollten sie bei der Verwaltung nicht nachfragen, um mit steigendem Interesse für die kleine Kirche nicht unnötig aufzufallen.

So war Geduld gefragt und das so kurz vor dem endgültigen Durchbruch. Das strapazierte die Nerven der beiden enorm.
Am nächsten Tag hatte Richard erst am Nachmittag Wachdienst, so nutzte er den freien Vormittag zum Besuch der kleinen Kirche.

Er wollte sich bei dem Messdiener für sein entgegenkommendes Verhalten während des Besuches von Chiara und den Gästen bedanken.

Richard fand den Messdiener ansprechbar und er musste eigentlich gar nicht erst nachhaken, denn der Messdiener überraschte Richard mit einer Beschwerde gleich selbst.

„Die Sakristei ist eigentlich für jeden Besucher tabu und hier hat jemand wild herumgewühlt. Was wollte man hier überhaupt suchen?"

„Sind Sie sich absolut sicher, dass sich jemand in die Sakristei hineingeschlichen hat?", fragte Richard betont unschuldig.

„Absolut! Leider gibt es in der Kirche keine Überwachungsanlagen, weil diese Kirche nicht für die Öffentlichkeit bestimmt ist."

„Und wurde etwas gestohlen?", wollte dann Richard weiter wissen.

„Nein, da ist doch nichts zu holen. Die goldene Monstranz, das Ziborium und die Messekelche werden von der Verwaltung anderswo aufbewahrt, da wir hier nur sehr selten eine Messe zelebrieren. Und der Demijohn mit dem guten Wein ist ja auch noch fast voll. Aber für mich hat das nun auch Vorteile. Laut unserer Verwaltung kann ich jetzt am Abend die Kirche abschließen und heimgehen."

Da musste Richard einen Freudenschrei stark unterdrücken. Nun konnte er es mit Berni bei der ersten sich bietenden Gelegenheit wieder riskieren, in die Geheimkammer abzusteigen. Die Verwaltungsangestellten machen spät Nachmittag auch Dienstschluss.

Die gute Gelegenheit bot sich dann Richard und Berni gleich am nächsten Tag, am späten Nachmittag. Sicherheitshalber beobachteten sie das Gelände vor der Kirche noch eine Weile.

Dass Berni das uralte Schloss am Eingang zu der kleinen Kirche so viel Schwierigkeiten bereiten würde, hätte er nie geglaubt. Der

Mechanismus war doch komplizierter, als er gedacht hatte. Berni konnte zwar die Federsperre anheben, doch den Schieber nicht bewegen. Wahrscheinlich passte ein Schlüssel mit einer doppelseitigen Verzahnung zu dem Schloss.

Berni musste noch eine spitzige Zange aus der Stube holen, kam aber schnell zurück.

Richard, der bisher Schmiere stand, wurde durch die Verzögerung immer nervöser, auch wenn sich in der Gegend noch nichts bewegte.

Dann knackte es endlich in dem Schloss, Berni machte die Tür weit auf und schaute wie ein großer Sieger zu Richard hin.

Die weiteren Schritte bis zu der Geheimkammer waren für die zwei „Einbrecher" schon eine Routine. So standen sie nach ein paar Minuten schon wieder am Eingang in die Geheimkammer und begrüßten den Anubis. Richard ging diesmal an den Regalen mit den Schriften und an den ausgestellten Gegenständen in der Mitte des Raumes vorbei. Er schaute sich um, doch dann stockte ihm der Atem, als er die ersten so lange gesuchten uralten Tontafeln mit den Keilschriften sah. Die Tafeln waren in einem fächerartigen Holzgestell eingereiht, ähnlich wie man seine CDs in einer Kunststoffbox aufbewahrt. Und gleich daneben war eine ganze Menge von den Tontafeln breit verstreut.

„Berni, schau dir das nur an, da werde ich Tage brauchen, um all die Tafeln abzufotografieren."

In der fast unüberschaubaren Anzahl der umliegenden Tontafeln gelang es Richard doch, die Tontafel, über die der Messdiener gesprochen hatte, zu finden. Die Abbildung mit dem Smartphone gelang ihm ziemlich scharf und so sandte er die Aufnahme mit dem rätselhaften Sternbild, noch bevor er schlafen ging, seinem Vater. Eigentlich war das Sternbild mit dem typischen Schwanzbogen, wie beim Skorpion mit dem giftigen Stachel am Ende, für Richard nicht so rätselhaft.

Die ziemlich ausführliche Antwort von seinem Vater per SMS kam gleich am nächsten Morgen, doch Richard konnte sich dem faszinierenden Problem erst am Nachmittag, nach dem ihm diesmal fast unendlich erscheinenden Wachdienst, endlich widmen.

Der Vater bestätigte, dass es sich bei dem Sternbild an der Tontafel eindeutig und ohne Zweifel um das Sternbild des Skorpions handelte. „Auf der Tontafel ist leider nur das Sternbild in einer zarten Bogenlinie dargestellt. Die Beschreibung scheint, als wäre sie in dem unteren Bereich abgebrochen. Die untere Kante der Tafel endet scharf. Der Junior soll versuchen, das Gegenstück zu finden." Weiter schrieb der Vater: „Das erstaunliche an der Sache ist, dass gerade in der letzten Zeit einige Wissenschaftler aus der Europäischen Südsternwarte ESO über den Stern Gliese im Sternbild Skorpion in der Fachliteratur berichtet haben. Sie untersuchten das Sternbild mit dem Spektrographen und vermuten, dass der Stern Gliese über drei potenziell bewohnbare Planeten verfügen könnte. Diese direkte Verbindung der neuen Untersuchungen zu einer fünftausend Jahre alten Tontafel mit dem gleichen Sternbild, die du gefunden hasst, ist eine echte astroarchäologische Sensation! Wir befinden uns zwischen Geschichte und Wirklichkeit. Richard, ich drücke dich dafür, du hast super gearbeitet. Ein großes Lob! Dabei, nur am Rande, es ist bei der Angelegenheit interessant, aber sicher kein Zufall, dass du im Sternzeichen Skorpion geboren bist."

Danach überlegte Vater ernst weiter: „Was konnten die alten Sumerer wissen oder wenigstens ahnen? Was wusste der Bischof darüber, was erzählte er dem Messdiener? Das werden wir leider nicht mehr erfahren. Mehr erhoffte sich Richards Vater in der Zukunft schon von den ESO-Wissenschaftlern."

Richard wollte sich bei seinem Vater für die erste Analyse des Sternbildes bedanken, doch da war leider nur die Mailbox eingeschaltet.

So dachte Richard inzwischen über die frühere, nun allerdings eigenartig erscheinende Aussage des Messdieners zu dem Sternbild nach. Der Messdiener hatte damals einen Sterne- und Planetenatlas durchgeblättert und da kam ihm das Sternbild Cassiopeia noch am nächsten vor. Doch das Sternbild des Skorpions ist im Vergleich, was die Form anbelangt, wesentlich einfacher zu merken.

Das Einzige, was für den Messdiener sprechen könnte, wäre die Tatsache, dass sich in der Sternkarte für den südlichen Sternhimmel die zwei Sternbilder in der Projektion fast berühren. Hatte die unmittelbare Nähe den Messdiener, er sagte, dass er nüchtern war, so irritiert, oder war diese Tontafel nicht mit der, die er damals von dem Bischof gezeigt bekommen hatte, identisch.

So überlegte Richard weiter, um sicherzugehen, ob er die Aufnahme des Sternbildes dem Messdiener demnächst zeigen sollte. Aber das muss er erst mit Berni und seinem Vater klären.

20. Der Messdiener erwischt die beiden Gardisten

Für Berni, der mittlerweile schon Etliches über die Sterne von Richard aufgeschnappt hatte, war die Astronomie zwar immer noch ein Randbegriff, allerdings ein faszinierender Bereich.

So staunte auch Berni, nachdem ihm Richard von der Überkreuzung des abgebildeten Sternbildes auf einer mehrere tausend Jahre alten Tontafel mit den neuesten Entdeckungen der Astronomen unserer Zeit erzählt hatte.

Die Auffindung der Tontafel war vielversprechend und Berni freute sich mit Richard über den so erfolgreichen ersten Fund aus der Geheimkammer.

Als Richard Berni, wegen der so deutlich unterschiedlichen Darstellung der Sternbilder Skorpion und Cassiopeia, seine Zweifel an der Aussage des Messdieners erwähnte, meinte Berni, dass Richard dem Messdiener trotzdem die Aufnahme zeigen sollte. Der Messdiener sei im nüchternen Zustand ein ganz angenehmer und gebildeter Zeitgenosse und er könne am besten beurteilen, ob das die Tontafel sei, die ihm der Bischof einst gezeigt hatte. Richard bräuchte nicht die Herkunft der Aufnahme zu erwähnen.

Doch Richard war sich trotzdem nicht sicher, ob sich der Messdiener, falls das die Tontafel sein sollte, die er gesehen hatte, damit zufriedengeben würde. Der Messdiener könnte bei weiteren Untersuchungen in der Geheimkammer stören. Er schöpfte sowieso schon einen Verdacht, dass sich jemand in seiner kleinen Kirche herumgetrieben hatte. Auf der anderen Seite braucht Richard unbedingt Klarheit darüber.

So blieb Richard eigentlich keine andere Wahl, als sich an den Messdiener zu wenden, in der Hoffnung, dass der ihm bei der Aufklärung über das Sternbild an der Tontafel behilflich sein könnte. Er fand ihn wieder in der ersten Sitzreihe der Gebetsbänke vor dem Altar, vertieft in das Gebet. Erst als Richard unmittelbar neben dem Messdiener schräg von hinten auftauchte, nahm er Richard wahr und musterte ihn eine Weile schweigend. Dann drehte er sich zu Richard fragend um: „Bei wem soll ich mich für den heutigen hohen Besuch nun bedanken?", sagte er erstaunlich freundlich und nüchtern, allerdings mit einer leichten Anspielung an die Bekanntschaft Richards mit dem Kardinal Clements. Doch wie auf einen Befehl nutzte der Messdiener die sich bietende Gelegenheit. Er stand prompt auf, um ein Gläschen Wein aus der Sakristei zu holen.

„Letztmals haben Sie meinen Wein auch probiert, trinken wir ein Glas zusammen?" Der Messdiener wartete Richards Antwort gar nicht ab und verschwand hinter der Sakristei. Als er nach einer Weile mit zwei vollen Weingläsern wiederum auftauchte, bat er Richard auch auf der Bank Platz zu nehmen. Nach dem ersten Zuprosten schaute dann der Messdiener fragend zu Richard nach dem eigentlichen Grund für seinen Besuch.

Nun kam Richard ernsthaft zur Sache und erinnerte den Messdiener an das Gespräch vor ein paar Wochen. „Damals haben Sie mir über ein unbekanntes Sternbild berichtet, das Ihnen der Bischof in einer Kammer gezeigt hat. Ich war unlängst hier im Archiv und fand unter den Schriften eine Abbildung einer uralten sumerischen Tontafel mit diesem Sternbild. War das etwa dieses Bild, das Sie damals zu Ansicht bekamen?", erklärte ihm Richard ausweichend, zog aus der Jackentasche die Kopie des Bildes und reichte sie dem überaus überraschten Messdiener zur Ansicht.

„Ich muss schon bitten. Ich war damals zwar angeheitert und konnte das Bild an der Tontafel, die mir der Bischof zeigte, nicht erkennen", wehrte sich der Messdiener leicht empört. „Doch das charakteristische Bild hier, diese eindrucksvolle Erscheinung an dem südlichen Sternenhimmel, hätte ich auch stockbesoffen erkannt. Das ist doch das Sternbild des Skorpions mit dem typischen

Schwanzbogen und mit dem größten Stern Antares vor den schematisch gespreizten Scheren." Und dabei fuhr der Messdiener die Umrisse des Sternbildes mit dem Zeigefinger nach.

Da war Richard nun stark beeindruckt über die doch breiten allgemeinen astronomischen Kenntnisse des Messdieners.

Gleichzeitig war es auch beruhigend festzustellen, dass der Messdiener, im Bezug auf diese Tontafelaufnahme, keinen weiteren Verdacht geschöpft hatte. Er machte zumindest keine Äußerung in diese Richtung.

Doch nun war es Richard auch klar, dass er die richtige, die so geheimnisvolle Tafel, erst finden musste.

Das wollte er mit Berni gleich morgen, am späten Nachmittag, in Angriff nehmen.

Als die beiden hinter der Sakristei schon in den Vorraum zu der Geheimkammer absteigen wollten, erinnerte sich Richard noch an die Baby-Überwachungsanlage, zwar mehr sicherheitshalber, denn letztes Mal hatten sie sie in der Eile vergessen zu installieren. Aber heute war die Kirche, als sie ankamen, schon abgeschlossen.

Routiniert, aber doch mit steigender Nervenanspannung meisterten sie alle Hindernisse, bis sie am Eingang zur Geheimkammer kurz stehen blieben. Der Anblick war immer aufs Neue faszinierend.

Dann rannte Berni schon wieder nach hinten. Er hatte es zuletzt nicht ganz geschafft.

„Wohin eilst du denn?", rief Richard ihm noch hinterher. „Ich werde hier mit dem Abfotografieren der vielen Tontafeln Hilfe brauchen."

„Es wäre doch schön, so ein antikes Schachbrett zu finden", gab Berni zurück und lachte.

„Es könnte auch sein, dass wir eine Tontafel mit einer neuartigen Schachpartieeröffnung finden", antwortete Richard leicht ironisch.

„Eine Sumerische Eröffnungsvariante gibt es noch nicht."

Danach wandte sich Richard wieder ernsthaft und vorsichtig den Tontafeln in dem Holzgestell zu. Er nahm eine Tafel nach der anderen heraus und machte Bilder von den geheimnisvollen Keilschriften. Dabei dachte Richard mehr für sich: „Lesen müsste man diese Striche können, da hätte man sich viel Arbeit gespart und nur das Wichtigste und Interessanteste bräuchte man notieren."

Nach einer Weile stapfte Berni zwischen den diversen Artefakten zurück zu Richard. In der Nähe des Holzgestells stolperte er fast über eine der Tontafeln, die dort verstreut herumlagen.

„Pass doch auf!", ermahnte ihn Richard und stutzte zugleich, als er die Tontafel ansah und aufschrie: „Das ist doch die Tafel mit dem Sternbild, die wir so lange suchen." Er nahm sie in die Hände und begutachtete die Tafel von allen Seiten. „Als Sternbild sieht sie allerdings irgendwie andersartig aus. Ich kenne mich schon so ein bisschen in dem Sternenhimmel aus, aber das Bild hier habe ich noch nie gesehen", resümierte Richard.

Die Tontafel zeigte zwei, wie eine Linse leicht erhabene Kreise. Oben einen größeren, unten kleineren Kreis und dazwischen unzählige verstreute, leicht eingedrückte Punkte, wobei man oben und unten nur anhand der Keilschrift am Rande der Tafel bestimmen konnte. Richard fotografierte die Tafel und fragte sich, ob das die Tafel war, die einst der Messdiener zur Ansicht bekommen hatte. Falls ja, dann war es kein Wunder, dass er das Sternbild nicht erkennen konnte.

Das Sprichwort über den Teufel kam noch nie passender zur Geltung als gerade jetzt. Der Messdiener platzte mitten in die Überlegungen, ob das sein Sternbild sein sollte, oder auch nicht, stürmisch rein.

„Ah, da sind Sie. Jetzt habe ich Sie endlich erwischt!", meldete sich der Messdiener schroff. „Entschuldigung, aber Sie haben das Schwenktor halb offengelassen"

Erschrocken drehte sich Richard um und die Tontafel wäre ihm dabei beinahe auf den Boden gefallen. Auch Berni schaute erstaunt zum Eingang der Geheimkammer. Beide waren unfähig die Erscheinung des Messdieners wahrzunehmen und seine eigenartige Begrüßung zu erwidern.

So folgte gleich auch die trockene Erklärung des Messdieners: „Als ich unlängst feststellte, dass jemand in meiner Kirche heimlich etwas suchte, ich fand den Kerzenständer hinter der Sakristei verschoben und deformiert, da habe ich eine kleine Kamera installiert, die ich vom Kommandanten der Gardisten nach Rücksprache mit ihm bekommen habe. Die Bilder, die ich danach zu sehen bekam, überraschten mich eigentlich nicht. Die Besuche vom Gardisten Haunschild in letzter Zeit waren schon verdächtig genug. Zuletzt zeigte mir auch das Sternbild Skorpion. Die Minikamera, die ich zuerst am Altar versteckte, zeigte mir zwar die Person, aber nicht, was sie rechts vom Altar tat. Erst, als ich die Kamera an die rechte Wand mit dem Bild des Gründers der Kirche schwenkte, kam ich hinter das Geheimnis."

Der Messdiener schaute die Eindringlinge wie der große Sieger an und ergänzte seine Schilderung: „Danach war ich schon mehrmals hier unten in dem Marmorraum mit den Kerzenhaltern gewesen, doch den weiteren Weg konnte ich nicht finden. Deshalb wartete ich auf Sie und bin Ihnen heute nachgegangen. Sie haben das Schwenktor von innen nicht zugemacht. Jetzt, wenn ich mich in dem mit den Kerzen so schön beleuchteten Raum umschaue, bin ich mir sicher, dass ich damals mit dem Bischof hier gewesen bin. Ich habe diesen Raum so lange und überall intensiv gesucht und dabei trampelte ich praktisch stets darauf herum! Also, nun ist Schluss mit dem Versteckspiel. Was gibt es hier zu sehen und zu finden? Ich brenne vor Neugier."

Den beiden, Richard und Berni, war während der Erklärung des Messdieners klar geworden, dass sie ihn total unterschätzt hatten, sie waren sich zu sicher gewesen. Im nüchternen Zustand war er hellwach. Er hatte von den ersten Anzeichen eines Einbruchs in seine Kirche an ganz richtig kombiniert. Er hatte sich Beweise beschafft, analysiert und abgewartet. Für die Zukunft, vor allem nach einem Weingenuss, stellte er für die Jungs nach wie vor ein unberechenbares Sicherheitsrisiko dar. Aber zuerst mussten sie mit der Tatsache, dass der Messdiener bei ihnen war, fertigwerden.

So reagierte Richard fast natürlich: „Sie kommen gerade rechtzeitig. Wir rätseln hier über das Bild an der Tontafel. Ich wollte Ihnen das Bild sowieso nachher vorbeibringen. Aber wenn Sie jetzt da sind, schauen Sie sich das Original an." Richard überreichte dem Messdiener die Tontafel: „Können Sie sich erinnern, ob das die Tafel mit dem Sternbild ist, die Ihnen damals der Bischof gezeigt hat?"

Der Messdiener schielte schon die ganze Zeit auf die Tontafel: „Ja, das ist sie, doch die Punkte, die die Sterne darstellen sollten, kann ich auch jetzt keinem bekannten Bild zuordnen. Wissen Sie, was für ein Sternbild auf der Tafel gemeint ist?"

„So gut kenne ich mich auch nicht aus. Ich sende nachher das Bild meinem Vater, der wird schon staunen", meinte Richard dazu, „unsere ganze Anstrengung dient eigentlich nur der Wissenschaft."

„So könnte man ganz nobel einen Einbruch auch umschreiben", stichelte der Messdiener. „Ist Ihnen klar, dass ich den Einbruch der Verwaltung und dem Kommandanten melden muss? Aber Sie haben recht, diese Schätze darf man nicht länger versteckt halten, sondern an das Museum und auch das Archiv anschließen und der Öffentlichkeit zeigen." Irgendwie fühlte sich der Messdiener auch als Mitentdecker, wie ein Archäologe bei einem wichtigen Fund.

„Bitte, warten Sie noch die Auswertung der heutigen Abbildungen von meinem Vater ab. Er trifft sich schon am nächsten Wochenende in München mit dem Kardinal Clements beim Klassentreffen. Da wird er ihm sicher darüber berichten. Die beiden sind alte Freunde noch vom Gymnasium her. Der Kardinal engagiert sich in letzter Zeit selbst für die Astronomie und er klärt die Problematik anschließend in dem Kardinalskollegium. Dann wird er sich auch mit Ihnen in Verbindung setzen."

Auch Berni wandte sich mit einer ganz konkreten Frage an den Messdiener: „Haben Sie schon mit jemandem in der Verwaltung oder aber auch mit dem Kommandanten über den Marmorraum gesprochen, den Sie nach den Minikameraaufnahmen entdeckt haben? Wir vermuten nämlich, dass Ihr Bischof das Geheimnis über diese so perfekt versteckte Kammer mit ins Grab nahm. Den Staubspuren nach war schon lange, sicher seit Ihrem letzten Besuch mit ihm, niemand hier unten."

„Nein, ich wollte abwarten, ich war mir selbst nicht sicher, ob es von dem Marmorraum aus weitergeht. Ich konnte keinen Weg aufspüren. Doch wozu sollte ein leerer Raum dienen? Erst heute, als ich Ihnen nachgegangen bin, haben Sie mir den Weg gezeigt. Das war von Ihnen eine super Leistung, den richtigen Weg zu finden."

„Dann warten Sie, bis wir mit Seiner Eminenz, dem Kardinal Clements, aus München zurückkommen. Er weiß noch nicht Bescheid, aber so, wie ich ihn kenne, liegt die Regelung über diese Geheimkammer auch in seinem Interesse", richtete Richard die erneute Bitte an den Messdiener.

„Gut, ich schau mich hier nur noch ein bisschen um." Der Messdiener ging zwischen den Schriftschränken, den unzähligen Skulpturen, Reliefs und anderen altertümlichen Artefakten in dem tempelartigen mit Kerzen beleuchteten Raum nach hinten. Dabei schaute er kurz zu der wunderschön verzierten gewölbten Decke und stolperte über ein sumerisches Rollsiegel.

Als auch Berni unweit und mit dem Rücken zu Richard einige Gegenstände noch fotografierte, überlegte Richard nicht lange. Die Tontafel mit dem rätselhaften Sternbild war nicht groß und die andere, die als Absplitterung zu der Tontafel mit dem Sternbild

Skorpion passen könnte, war auch nicht größer als etwa A5. So legte Richard ein Papiertaschentuch zwischen die beiden Tafeln und schob sie vorsichtig unter seine Jacke. Ich tue es für die Wissenschaft, meinte er für seine eigene Beruhigung.

Da kam schon der Messdiener begeistert zurück: „Das wird eine enorme Bereicherung für das Archiv und das archäologische Museum. Das Tierrelief hier auf der Platte gefällt es mir besonders gut." Er zeigte die Platte Richard. Nun hatte sich die Begeisterung auf Richard übertragen, denn er schaute total überrascht auf eine Abbildung, die hier eigentlich gar nicht hingehörte und auch später zu grundsätzlichen Überlegungen führen würde. Richard schaute auf die Abbildung einer längst ausgestorbenen Riesenechse! Wie kamen die Sumerer auf die Dinosaurier?

Beim Rückweg schüttelte der Messdiener nur noch mit dem Kopf, als er den raffinierten Schließmechanismus des Schwenktores so ansah.

Richard diskutierte mit Berni noch lange auf der Stube über den heutigen Vorfall in der Geheimkammer, als der Messdiener sie ertappt hatte. Doch damit mussten sie nun fertig werden und den Messdiener in die weiteren Untersuchungen in der Zukunft mit einbeziehen.

Da passte es gut, dass Richard am nächsten Tag erst am Nachmittag Wachdienst leisten sollte. Da hatte er genug Zeit, die zahlreichen Bilder seinem Vater übermitteln. Auch die zwei Tontafeln verpackte er ganz vorsichtig und brachte sie zur Post.

21. Kardinal Clements bei Professor Haunschild

Ende der Woche meldete sich dann Richards Vater mit einer ausführlichen E-Mail. Er bedankte sich im Namen der Uni-Arbeitsgruppe „Sumerer" für die unzähligen Abbildungen der Tontafeln. Die Auswertung nimmt dementsprechend allerdings schon eine gewisse Zeit in Anspruch.

Die weiteren Zeilen lasen sich dann schon wie eine Hochschulvorlesung des Professors. Er selbst hatte sich mit seinem Assistenten gleich der Tontafel mit dem rätselhaften Sternbild angenommen. Sehr bald, eigentlich sofort, waren sie darauf gekommen, dass die uralte Tontafel eigentlich gar kein Sternbild zeigte. Eher hätte es sich um den Asteroidengürtel zwischen dem Mars und Jupiter in unserem Sonnensystem handeln können. Die zwei erhabenen Kreise stellten oben den Jupiter und unten den Mars dar. Die vertieften Punkte von unterschiedlicher Größe mussten die diversen Gesteinsbrocken im Asteroidengürtel sein.

Doch erst so richtig erstaunt waren der Professor und sein Assistent über die Übersetzung der Keilschrift, die unter den drei schrägen Linien am Rande der Tafel angebracht war. Die Beschreibung deutete auf eine Art von Abschirmsystem hin. Das ist umso erstaunlicher, denn gegenwärtig wollten einige Wissenschaftler in den Raumfahrtzentren ein Frühwarnsystem installieren. Da sollten Abwehrmöglichkeiten aufgebaut werden, mit denen Einschläge von Asteroiden und Meteoriten verhindert werden sollten. Ein sogenanntes Himmelskörperabwehrsystem. Von einer Art Ablenkung und Beschuss von einer Raumsonde, bis zur Nuklearexplosion.

Der Professor griff dazu einige Beispiele aus der tiefen Urzeit bis in die Gegenwart auf, denn die Erde stand dauernd unter Beschuss aus dem Weltall. Vor etwa 65 Millionen Jahren gab es einen Asteroideneinschlag, der zu einem totalen Klimawandel führte und schuldig an dem Aussterben der Dinosaurier war. Ein Asteroid dieser Größe würde genügen, um das menschliche Leben auf der Erde auszulöschen.

Sehr bekannt ist das Tunguska-Ereignis von 1908. Als Ursache gilt der Eintritt eines Asteroiden in die Erdatmosphäre, wo er in einigen Kilometern Höhe explodierte. Das geschah in einem nicht besiedelten Gebiet über der sibirischen Taiga, doch die ganzen Auswirkungen für die Natur waren verheerend.

Auch kleinere Brocken waren uns Menschen schon gefährlich geworden. Erst unlängst, vor fünf Jahren war ein Gesteinsbrocken von etwa 20 Metern im Durchmesser beim Eintritt in die Erdatmosphäre zersplittert. Die Bruchstücke schlugen als Meteoriten im Uralgebiet ein. Es gab fast 1000 Verletzte. Diese Tontafel bezeugte wiederum, dass sich eine uralte Zivilisation schon damals mit derzeitigen wissenschaftlichen Problemen beschäftigt hatte.

Anschließend lobte der Professor die Jungs, die erneut eine ausgezeichnete Arbeit geleistet hatten. Mehr dazu beim Treffen in München. Dazu wurde auch Berni herzlich eingeladen.

Nachdem Richard die Zeilen durchgelesen hatte, wurde ihm klar, dass der Messdiener das Sternbild nicht hatte erkennen können.

Doch bevor sich die Jungs mit Kardinal Clements auf den Weg nach München begaben, platzte, oder, um es noch besser auszudrücken, explodierte in den Medien eine echte Nachrichtenbombe. Alle wichtigsten Fernsehsender und Tageszeitungen meldeten: „Bei den jüngsten archäologischen Ausgrabungen wurde unter uralten sumerischen Keilschrifttontafeln eine Tontafelnachbildung aus unserer Zeit gefunden, mit frischen außerirdischen DNA-Spuren! Die organischen Abdrücke konnte man keinem Lebewesen auf der Erde zuordnen."

Da liefen die Handys zwischen dem Professor und seinem Sohn heiß.

„War das die unsere Tontafel?", wollte Richard-junior gleich wissen.

„Ja, das ist doch die echte Sensation", jubelte der Professor, um umgehend eine ernste Aufforderung zur Ruhebewahrung anzuschließen.

Doch der Junior bohrte weiter: „Wie konnte man unvorbereitet so eine brisante Nachricht in die ganze Welt setzen?"

„Das konnte ich gar nicht verhindern, dass Interna herausdrangen. Das kam vom Labor nach draußen. Jemand in dem Untersuchungslabor konnte den Verlockungen, schnell reich zu werden, nicht widerstehen. Aber, wie ich schon sagte, wir müssen vorerst unbedingt Ruhe bewahren und uns für eine Stellungnahme präzise vorbereiten. Ich werde es dem Kardinal Clements bei seinem Besuch hier in München schon irgendwie schonend beibringen, aus welcher archäologischen Ausgrabungsstätte die Tafel stammt. Der wird sich wundern, also alles andere bei uns. Wir müssen die weitere Vorgehensweise klären."

„Hoffentlich funken uns die Außerirdischen nicht dazwischen, bis wir kommen", beendete der Junior die nötige Aussprache leicht spöttisch.

Als sich die drei Ausflügler in der Abfertigungshalle des Flughafens in Rom trafen, gab sich Kardinal Clements gut informiert. Er fragte Richard, ob er schon über die sensationelle Ausgrabung Näheres erfahren hatte.

„Leider nicht. Ich habe zwar mit meinem Vater telefoniert, aber er konnte nur die Nachrichten in der Presse bestätigen", antwortete Richard ausweichend.

Berni meinte trocken dazu, dass die Medien, wie immer, wenn sie eine echte Sensation riechen, stark übertreiben.

Doch gleich bei der freundlichen Begrüßung vom Professor am frühen Nachmittag in München wurden alle zu der archäologischen Thematik zurückgeholt.

Der Professor hatte eine kleine Änderung des vollgestopften Wochenendprogramms angekündigt. Es blieb bei dem festlichen Diner am Abend in seiner Villa, doch der Kardinal sollte eine gute Stunde früher kommen. Der Professor wollte allen die neuesten fantastischen Informationen über die sumerische Tontafel mitteilen.

Der jüngere Bruder des Kardinals, der ihn am Flughafen abgeholt hatte, schaute nun amüsiert zu ihm: „Hör mal, Stephan, seit wann interessierst du dich für eure Konkurrenz im Weltall?"

Doch gleich ein paar Stunden später ging es in dem gemütlichen Wohnzimmer des Professors nicht mehr so leger zu, abgesehen von der netten Bemerkung von Berni zu Richard-junior, als er den Antiquitäten-Schachtisch mit den nostalgischen Figuren darauf in der Ecke entdeckte: „Siehst du, nach so was habe ich in der Geheimkammer gesucht."

Dann hörte man schon die Haushälterin, wie sie den hohen Besuch, Kardinal Clements, mit „Euere Eminenz, es ist mir eine Ehre", begrüßte und ins Wohnzimmer führte. Anschließend holte sie noch Tee mit hausgemachten Plätzchen dazu.

Des Kardinals Blick schweifte durch den weiten Raum: „Ich war als Student schon mehrmals hier. Richard, du hast das altertümliche Flair des Raumes seitdem kaum verändert, aber das passt. Hier kann man ausgezeichnet kreativ arbeiten."

Der Professor begrüßte alle recht herzlich: „Ich freue mich, dass ich mich revanchieren kann und euch auch bei uns begrüßen darf. Besonders, da wir eine ganz wichtige Angelegenheit unbedingt klären müssen."

Der Kardinal schaute sich fragend um, während der Professor seine Andeutung mit einer tiefen Stimme, die zur Aufmerksamkeit zwang, fortsetzte: „Sicher hat jeder die spektakuläre Nachricht in den Medien schon verfolgt. Unsere Spezialisten fanden an einer der uns zugesandten sumerischen Keilschrifttontafeln frische DNA-Spuren, die man keinem Lebewesen auf unserer Erde zuordnen konnte. Die sind nicht von dieser Welt. Es ist eine Sensation. Die Funde sind fantastisch, brisant und unerklärlich zugleich. Doch mich bringt das in eine Zwickmühle."

„Warum, was meinst du damit?", fragte der Kardinal, der als einziger in die Problematik bisher nicht eingeweiht war.

„Stephan, ich habe ein schlechtes Gewissen dir gegenüber."

„Warum, um Gottes Willen?", unterbrach ihn der Kardinal erneut.

„Ja, weil die Ausgrabungsstätte unmittelbar in deinem Arbeitsbereich liegt und die fragliche Tontafel haben mein Sohn Richard mit dem Gardisten Berni gefunden und mir und unseren Spezialisten hier an der Uni für die Untersuchung zur Verfügung gestellt." Der Professor erklärte alles ohne Umschweife und legte eine kleine Pause ein, um die Wirkung der Tatsachen bei seinem alten Freund Stephan zu prüfen.

Der Kardinal sah überrascht aus, reagierte aber erstaunlich ruhig, gar zurückhaltend. „Ich konnte in letzter Zeit keine archäologischen Ausgrabungstätigkeiten in Vatikan feststellen."

So musste der Professor ins Detail gehen: „Das geht schon zurück auf die Zeit, als ich an dem Seminar der Päpstlichen Akademie der Wissenschaften teilnahm. Wieder zurück, sagte ich damals meinem Sohn, eher so nebenbei beim Schach, dass die wahren Geheimnisse nicht so offen in der Bibliothek und im Archiv herumliegen, sondern so, wie man in der Welt seit ewig vermutet, in einer Geheimkammer versteckt sind. Das war für meinen Sohn der Startschuss. Er meinte, die Geheimnisse holen wir uns, und meldete sich als Schweizergardist, um Zeit zum Suchen zu haben. Monatelang recherchierte Junior nach Dienst als Gardist in der Bibliothek, im Archiv und in allen anderen Bereichen der Vatikanstadt. Zu der Zeit hatte er mir auch einige sehr interessante Berichte geliefert. Ich konnte einige Bereiche der uralten sumerischen Mythologie unserem neuesten wissenschaftlichen Weltbild gegenüberstellen. Aber erst unlängst ist es ihm rein zufällig mit Hilfe vom Gardisten Berni gelungen, den Eingang zu der Geheimkammer zu finden. Mehrere sumerische Keilschrifttontafeln haben sie dort abfotografiert und zwei von den Tafeln zu einer direkten Untersuchung leihweise zur Verfügung gestellt."

„Das ist allerdings schon eine ziemlich abenteuerliche Geschichte", stellte der Kardinal fest und seine Gesichtszüge verhärteten sich. „Es war mir schon von Anfang an verdächtig, was Richardjunior nach dem Wachdienst so tat. Ein Dienst für den Papst und die Kirche mit Nebenabsichten. Es scheint völlig absurd, doch beides hatte Richard bravourös gemeistert ..."

Da sorgten die zwei Damen, die gemeinsam reinkamen, für eine kurze Unterbrechung. Nach der herzlichen Begrüßung ging Christiane in die Küche, um der Haushälterin bei der Vorbereitung für das Abendessen zu helfen. Chiara gesellte sich interessiert zu der Gesprächsrunde und nahm neben ihrem Richard Händchen haltend Platz.

So konnte der Kardinal seine Stellungnahme fortsetzten: „Wir befinden uns auf einem schmalen Grat. Es war von den beiden Gardisten ein großer Dienst für die Wissenschaft. Wer wäre denn sonst auf diese Sensationsfunde gekommen? Wer weiß, wie lange die alten Tontafeln im Vatikan weiter unentdeckt liegen geblieben wären? Doch die Methode, wie die Gardisten dies erreicht haben, kann man nicht gutheißen." Der Kardinal sprach langsam, zögernd, als würde er das gesagte nur ungern aussprechen.

„Entschuldige, Stephan, dass ich dich unterbreche", schaltete sich nun der Professor ein, „man sagt, der Weg ist das Ziel. Für mich als Wissenschaftler ist das Ergebnis wichtiger als die Umstände, wie man es erreicht hat. Und das Ergebnis ist faszinierend!"

„Mag sein, aber alles, wie die Vorgehensweise der beiden Gardisten, die an einen Einbruch grenzte, kann man damit nicht entschuldigen", setzte der Kardinal fort. „Die ganze Veröffentlichung wird damit einen dunklen Schatten auf vatikanische Museen, die Bibliothek und das Archiv werfen. Wir dürfen kein Aufsehen erregen, aber wir können auch nicht einfach so weitermachen, als wäre gar nichts passiert. Diesen Bereich sehe ich nun als meine Hauptaufgabe, das mit den Vertretern des Kirchenstaates im Kardinalskollegium zu klären."

„Vielen Dank, Stephan, diese Hilfe wird unsere Uni auch dringend brauchen, denn demnächst wird eine ganze Menge unangenehmer Fragen und Probleme mit dem Gesetz für uns auftauchen. Es sind derzeit Satellitenbilder aufgetaucht, die zeigen, dass es in dem ehemaligen sumerischen Gebiet entlang des Tigris mehrere illegale Grabungsstätten gab. Damit sind Plünderungen und illegale Geschäfte verbunden. Gleichzeitig sind Nachrichten durchgesickert, dass Wissenschaftler an unserer Uni gerade mehrere Keilschrifttontafeln mit brisanten Überlieferungen der Sumerer überprüfen und auswerten. Somit ist naheliegend, dass die Ämter hellhörig werden. Wir müssen ein juristisches Nachspiel unbedingt verhindern." Damit kam der Professor langsam zu dem wichtigsten Punkt, zu der Auswertung der sumerischen Keilschrifttontafel aus der Geheimkammer: „Ich kann die Nachrichten mit den eindrucksvollen Schlagzeilen, die in den Medien unkontrolliert seit ein paar Tagen kursieren, nur bestätigen. Ja, eine der Tontafeln, die Richard-junior mit Berni aus dem Geheimraum rausschmuggeln konnten, war keineswegs fünftausend Jahre alt. Die chemische Substanz des Tonbindemittels war zweifellos neuester Art und auch die Keilschrift wich in einigen Details leicht von den alten Schriften ab. Doch die Krone setzten dem Ganzen die organischen Spuren auf, die auf der Tafel gefunden wurden. Hat man die etwa mit Absicht hinterlassen? Eine DNA-Untersuchung konnte sie keinem der Lebewesen auf unserer Erde zuordnen."

Obwohl alle schon durch die Medien darüber gut informiert waren, ging ein starkes Raunen durch den Raum.

Chiara flüsterte Richard zu: „Ich ahnte, dass du nicht nur so in den Vatikan gegangen bist. Ich habe euch dort, also dich und deinen Vater, ein paar Mal beobachtet und mir aus den Gesprächsfetzen, die ich aufschnappen konnte, ein Bild gemacht. Nun bin ich stolz auf meinen Archäologen."

Der Professor wartete, bis sich die Lage etwas entspannt hatte, dann setzte er seine Schilderung fort: „Die Außerirdischen sind uns wohl viel näher, als wir bisher ahnten! Das Wesen, das diese Tafel in den Händen, oder, anders hielt, stammte nicht von unserer Erde. Unsere Keilschriftspezialisten entzifferten in der Zwischenzeit die Inschrift als eine Botschaft aus der tiefen Vergangenheit für die Zukunft auf der Tafel: **„Die Menschheit ist in der Gesamtheit sozialpolitisch noch nicht fähig, den wahren Ursprung und den Sinn des Lebens auf dem Planeten Erde, in Bezug zum grenzenlosen Universum, zu begreifen!"**

Es dauerte eine Weile, bis alle Anwesenden die Tragweite dieser Worte und die neuen Einsichten erfasst hatten, doch voll begreifen würden sie es wohl nie. So ergänzte der Professor seine spannende Darstellung: „Leider liegt uns noch keine Stellungnahme der Wissenschaft und der internationalen Politik dazu vor."

Chiara, die immer noch mit ihrem Richard Händchen haltend dasaß, drehte seine rechte Hand um: „Ich hoffe, dass das nicht deine DNA-Spuren auf der fraglichen Tontafel waren!"

Berni, der daneben saß, nahm diese anmutende Szene amüsiert und nachdenklich zugleich wahr.

Anschließend kommentierte Professor Haunschild die Übersetzung der Tontafel mit dem Anflug einer leichten Verzweiflung: „Wir werden mit Fragen überschüttet, die wir uns in dieser Form noch nie gestellt haben. Wir wollten mit unseren Wissenschaftlern etliche rätselhafte Vorgänge auf unserem Planeten lösen. Doch ich glaube, dass einiges, wenn nicht eher vieles, für die Menschheit auch in der Zukunft ein ewiges Rätsel bleiben wird!" Das hatte er sehr treffend umrissen.

Christiane verfolgte im Türbogen das außergewöhnliche Fazit ihres Freundes und meinte, dass man nach diesen tiefgreifenden Tatsachen unbedingt einen Schluck Wein brauchen würde. Sie hatte vorher einige Flaschen aus Richard-seniors erlesenem Weinkeller geholt und alle zum Tisch gebeten. Total irritiert schaute Richard-junior zu ihr, denn zu Hause war die Ähnlichkeit zu seiner Mutti noch stärker.

Das hervorragende Menü bewertete der beste Kenner, der Kardinal Stephan, als er sich anerkennend zu seinem Freund drehte: „Richard, du bist um die Kochkünste deiner Haushälterin zu beneiden." Als sie erschien, bedankte er sich bei ihr für alle. Das war für die tiefgläubige Frau die höchste Belohnung: „Eure Eminenz, danke."

Nach dem ausgezeichneten Menü blieben alle, bis auf Richard-junior, der das Münchner Bier vorzog, bei dem guten Tropfen.

Das ältere Trio nahm Platz in den tiefen Klubsesseln an dem antiken Wohnzimmertisch.

Nachdem man sich es bequem gemacht hatte, wandte sich der Kardinal an den Professor mit einer nicht gerade angenehmen Feststellung: „Du hast mich mit der fraglichen Aktion von Junior total überrascht, wenn nicht gar überrumpelt."

Des Kardinals Einwand klang leicht nach dem Vorwurf, dass ihn sein Freund bei den Besuchen in Rom über die wahren Absichten von Junior nicht informiert hatte. Nicht einmal andeutungsweise.

Der Professor erkannte den versteckten Vorwurf und meinte dazu: „Wir hätten auch auf einem Irrweg scheitern können, falls die Aktion schiefgelaufen wäre. Der Junior fand auch neben der Suche nach der Geheimkammer in der Bibliothek und in dem Archiv wertvolle Hinweise für unsere Astronomie Fachleute. Und falls er nach der Bekanntgabe seiner Tat, von den Vertretern des Kirchenrates nicht gefeuert wird, will er dann erst so richtig mit dem Studium der Astronomie anfangen."

„Da brauchst du um den Junior keine Angst zu haben. Dein Sohn, selbstverständlich auch der Gardist Berni, haben uns, also dem Vatikan, mit der Entdeckung der Geheimkammer einen großen Dienst erwiesen. Ich wusste nichts davon und von meinen Kollegen kenne ich keinen, der es mal erwähnt hat. Ich glaube sogar, dass du selbst mit so einem Ergebnis nicht gerechnet hast. Wir werden die Schätze untersuchen lassen und die Geheimkammer an das Museum oder das Archiv anschließen."

„Der Junior sagte mir, dass der Messdiener der kleinen Kirche ihm erzählt hat, dass er früher mit einem der Bischöfe in so einer Geheimkammer gewesen war. Allerdings war er leicht angeheitert und konnte sich später nicht mehr erinnern, wo das war. Der Bischof ist mittlerweile schon verstorben."

„Ich erwähnte schon, in Anbetracht der neuen Situation werde ich bei uns über das Kardinalskollegium eine gesamte Untersuchung einleiten. Wir kriegen das schon hin", meinte der Kardinal. „Ich fahre zurück nach Rom mit einer ganz anderen Einstellung zu unserem Universum."

Christiane hörte interessiert zu. Sie freute sich mit ihrem Professor über die sensationellen Ergebnisse. An der Beziehung zu ihm, auch wenn die durch den Besuch sicher beeinflusst war, konnte man erkennen, dass sich die beiden in der Zeit wesentlich nähergekommen waren.

Das registrierte auch der Kardinal mit einem zufriedenen Lächeln.

Christiane wohnt zwar noch nicht in der Villa, aber besucht ihren Richard sehr oft, und manchmal blieb sie auch schon über Nacht.

Das jüngere Trio hatte sich mit Wein und Bier in die Wohnzimmerecke zu dem Schachtisch zurückgezogen. Da schielte Berni auf

175

die schweren handgeschnitzten Figuren. Am liebsten hätte er eine Schachpartie gespielt. Doch er musste noch etwas mit Richard-junior klären.

„Richard, wir haben turbulenten Woche verbracht. Insgesamt habe ich dir bei der spannenden Suche nach der Geheimkammer auch sehr gerne geholfen. Das war schon eine abenteuerliche Geschichte, ein spannendes Experiment. Bis auf die zwei sumerischen Tontafeln, die du zum Schluss heimlich, hinter meinem Rücken, herausgeschmuggelt hast. Das hat mich gestört, das hättest du mir doch sagen können, denn Freundschaft bedeutet Vertrauen und füreinander da zu sein. Im Nachhinein kann ich dir nicht mal böse sein, denn gerade diese Tafeln brachten das Interessanteste, das erstaunliche Ergebnis, ein. Das war der Durchbruch, das war der beste, alles entscheidende Schachzug. Es war alles für die Wissenschaft!"

„Wahrscheinlich hättest du es mir damals nicht erlaubt", meinte Richard-junior zögernd. „Ich bringe die Tafeln, nach der Auswertung und Konservierung der Spuren, selbstverständlich wieder zurück. Nun schlage ich vor, wir schließen Frieden in der Diskothek. Chiara hat es mit einigen unseren Freunden, die sie erreichen konnte, ausgemacht. Ein bisschen mehr von München, außer den hübschen Mädchen in der Disco, möchten wir dir dabei auch noch zeigen."

Man brauchte nach den faszinierenden Nachrichten ein wenig Abwechslung. Diesmal blieben beide Damen über Nacht in der alten Villa.

Den Gottesdienst, mit dem das Klassentreffen begann, zelebrierte in der örtlichen kleinen Kirche mit Sicherheit zum ersten Mal überhaupt ein Kardinal.

In dem weiteren Verlauf des Klassentreffens wurden der Professor und Seine Eminenz von einem Schwall neugieriger, fast zudringlicher Fragen überschüttet. Kein Wunder. Die mediale Aufmerksamkeit für die alten Sumerer schlug auch hier durch. Die meisten der ehemaligen Mitschüler hatten nach den immer genaueren Nachrichten in den Medien über den Ausgrabungsort und die Untersuchungsuni gut kombiniert. Damit hatten sie den beiden eine große mittragende Rolle bei der sensationellen Entdeckung zugeordnet. So drehte sich fast alles um die zwei prominenten Mitschüler. Erst nachdem der Professor die Neugier einigermaßen befriedigt hatte, indem er die Verdienste von seinem Sohn und die des Schweizergardisten Berni hervorhob, kam es zu einem normalen Klassentreffen, mit dem Austausch von Lebenserfahrungen. Es war ein guter Jahrgang.

22. Neue Aufgaben

Für die Teilnehmer des Münchner Treffs stand nach der ausführlichen Erklärung von Professor Haunschild zu den untersuchten sumerischen Tontafeln eines fest: Man würde sich neu orientieren müssen. Das hing stark auch mit den daraus resultierenden Aufgaben zusammen.

Der Aufklärungsschwerpunkt lag dabei bei der Gruppe des Vatikans, besonders an Kardinal Clements. Er präsentierte im Kardinalskollegium die Untersuchungsergebnisse von Professor Haunschild. Dabei deutete er an, von wo die sumerischen Tontafeln stammten. Gut, dass der Gardist Richard Haunschild die zwei Platten nach der Überprüfung in München gleich mitnehmen konnte. So war wenigstens der Diebstahlsvorwurf vom Tisch. Kardinal Clements konnte die anfängliche Empörung beruhigen und stellte erstaunt fest, dass keiner in Kollegium von der Geheimkammer wusste. So wurde Kardinal Clements von dem Kollegium beauftragt, die aufsehenerregende Angelegenheit so ruhig wie nur möglich in Ordnung zu bringen. Am besten wäre es gewesen, die entdeckte Geheimkammer an das Vatikanische Geheimarchiv anzuschließen. Der Messdiener der kleinen Kirche sollte ihm dabei behilflich sein. In dem Kardinalskollegium stellte man weiter fest, dass der Bischof Merano der einziger war, der über die Existenz der Geheimkammer Bescheid wusste. Er und der Messdiener waren sie auch die Letzten in der Geheimkammer, bevor der Bischof das Geheimnis mit ins Grab nahm. Nun wunderte es auch nicht, dass in dem Zugang zu der Geheimkammer keine strengeren Überwachungssysteme eingebaut wurden. Man hatte die Geheimkammer vollkommen vergessen.

Im weiteren Verlauf koordinierte Kardinal Clements die Anschlussarbeiten der Geheimkammer an das Geheimarchiv.

Nachdem er regelrecht staunte über den raffinierten Eingang und die verriegelte Weiterführung in die Geheimkammer, lobte er die beiden Gardisten: „Ihr habt hervorragende Arbeit geleistet. Nicht nur für die Wissenschaft, sondern auch für uns, den Vatikan. Die Kammer und mit ihr all die geheimnisvollen Schätze, die nun eine enorme Bereicherung für die Bibliothek und Archiv darstellen, wären sonst in Vergessenheit geraten und verloren gegangen."

Der Kardinal war auch weiterhin für die immer noch neugierige Presse verantwortlich.

Der Messdiener war für den direkten Umbau zuständig. Er arbeitete mit einem Architekten zusammen. Der Durchgang von der kleinen Kirche wurde verschlossen. Nur der wunderschöne Ring am Bild des Aristokraten blieb ohne die einstige Funktion erhalten.

Die beiden Gardisten wurden mit der Sortierung der Artefakte beauftragt. In der Geheimkammer blieb alles, was die alten Sumerer betraf. Die sumerischen Tontafeln, Bücher, Skulpturen und weitere geheimnisvolle Fundstücke. So wusste Richard, wo er die interessanten Schriftstücke gleich finden würde. In der zweiten Hälfte seiner Dienstzeit als Schweizergardist wollte er sich dem widmen, was er seiner Chiara am Anfang als Ausrede erklärt hatte. Er wollte sich voll in das Astrostudium stürzen. Er brauchte nun nicht mehr hinter den Schriften nach Hohlräumen suchen, sondern die meist unheimlichen frühchristlichen apokryphen Schriftstücke studieren.

Nach alledem, was so passiert war, verlängerte Berni sein Dienst in der Schweizergarde um ein weiteres Jahr. Er konnte seinen Freund Richard dort doch nicht alleine lassen. Das wäre für den Vatikan auf die Dauer ein großes Risiko gewesen.

Auch Chiara verlegte die einjährige Praxis in eine Kinderklinik nach Rom. Die Kinderklinik befindet sich sogar ganz in der Nähe der Vatikanstadt.

Nun musste auch Professor Haunschild die Journalisten nicht mit immer neuen Ausreden befriedigen, sondern ganz offiziell durchgeben, dass die nun bereits berühmten Tontafeln aus dem Vatikanischen Museum stammen. Er wurde dabei von Christiane unterstützt, die nun nicht nur ihre Berufsorientierung, sondern auch ihren lieben Freund gefunden hatte.

Literaturdokumentation

Wikipedia 2013 u. 2016: Vatikan Geographie
Vatikanische Apostol. Bibliothek
Vatikanische Sternwarte
Päpstliche Schweizergarde

Wikipedia 2018: Asteroiden (Tunguska)

Sagenhafte Zeiten: von 2000 bis 2021
Sagittarius
Vatikan und die Außerirdischen
Stammen wir aus der Milchstraße
Treibstoff für Flugobjekte

Dr. H. Burgard: Encheduanna

ESA: Sternbild Skorpion

TV 46/2017: Voyager 1

VDI / 2017: Chile Atacama-Wüste-Teleskop